恰当的时机选择正确的叫品

[加]尼尔·基梅尔曼　著

黄丁炜　译

成 都 时 代 出 版 社

四川省版权局
著作权合同登记章
图进字 21-2017-706 号

图书在版编目（CIP）数据

恰当的时机选择正确的叫品/(加) 尼尔·基梅尔曼著；黄丁炜译.
--成都：成都时代出版社，2017.12
ISBN 978-7-5464-1982-4

Ⅰ.①恰… Ⅱ.①尼…②黄… Ⅲ.①桥牌–基本知识 Ⅳ.①G892.1
中国版本图书馆 CIP 数据核字（2017）第 290189 号

恰当的时机选择正确的叫品
QiaDang De ShiJi XuanZe ZhengQue De JiaoPin
[加] 尼尔·基梅尔曼 著
黄丁炜 译

出 品 人　石碧川
责任编辑　曾绍东
封面设计　陈二龙
版式设计　陈二龙
责任校对　樊思岐
责任印制　干燕飞

出版发行　成都时代出版社
电　　话　（028）86619530（编辑部）
　　　　　（028）86615250（发行部）
印　　刷　四川联翔印务有限公司
规　　格　165mm×230mm　1/16
印　　张　15.75
字　　数　200 千字
版　　次　2017 年 12 月第 1 版
印　　次　2017 年 12 月第 1 次印刷
印　　数　1-5000 册
书　　号　ISBN　978-7-5464-1982-4
定　　价　38.00 元

前言

　　我的前两本书都很受欢迎。它们成功地帮助读者改变了他们叫牌的思维方式。这些书将重点帮助中高级牌手从：

叫什么＝约定叫

转变到

为什么＝判断

我的第三本书还会继续强调这一点。

　　有成人学习领域背景的人都知道，学生将所学到的知识与自身行为的整合通常需要不止一次"干预"。每一次努力都建立在以前的成果之上。因此在这本书的写作方式上，我采用了一种直接问答的形式，同一主题有许多牌例。紧接着的解答包括：

* 推荐的叫品。

* 其他候选叫品以及这些选项不是最佳选择的原因。

* 完整的牌型(均来自实战)。

* 从这个问题得出的结论和经验，并在将来遇到类似情况时付诸实践。

* 每一分类的关键要点总结。

　　在每个主题章节开头，我会讨论重要的概念和常见的误解。换句话说，我想帮助你学习如何做出更好的选择，识别适用的场合，在实战牌桌上学以致用。

尼尔·基梅尔曼

2016 年 3 月

目 **Content**

录

问题分类

第1章　阻击叫

我会把这个主题分成两章。在本章的问题和解答中,我会讨论阻击叫的三个
"W"(what/why/when):

　　* What-哪些牌要进行阻击开叫

　　* Why-为什么我们要阻击,以及为什么我们不阻击

　　* When-什么时候是阻击的最佳时机

下一章将把重点放在对手或者同伴阻击叫之后该做什么。这是个非常重要
的主题,当你充分理解这个话题之后,随着阻击叫频次的增加,就会有越来越多
的机会去赢得比赛分和 IMP。

概 要

在我的其他书中,我强调过让同伴知道你持牌情况的重要性,即使这也
会让对手知晓这些信息。阻击叫就有这种矛盾。通常情况下我们在前两家位
置上的阻击叫是建设性的。我们应该拿着与约定要求相差无几的牌进行阻
击叫。不过,在第三家位置时,同伴已经有过机会去叫牌了,这时候你适
当地误导同伴是可以的,因为他可能会比第四家的对手受到的影响要少一些。
在第三家位置时你们的约定应该倾向于更轻的类型,你甚至可以偏离长
度和牌力的要求。最后,如果三家都不叫之后轮到你了,这时候所有的阻击
叫都是强烈建设性的——如果你只是一手拿着长套的弱牌,那你应该以不
叫来结束叫牌。

1

V 开头的单词

当然我们不得不说说"V"开头的这个单词。对——就是 vulnerability 局况。这是你决策时的主要因素,尤其是当你方有局时阻击叫应该非常谨慎。相反,局况有利是叫牌的许可证。对手会更重点关注于去主打一个能得+600 分以上的成局定约,而不会乐意去防守一个仅仅能得+300 分的牺牲叫。额外的危险是,遇上优秀的庄家或者是自己在防守中有小小的失误时,+300 分可能就会变成+100 分甚至是-750 分。这就叫做"庄家优势"。

禁忌

在决定是否做阻击叫时,我遵循以下三条原则:

1) 有两个 A 时不做弱二开叫。否则同伴就会很难判断什么时候该做牺牲叫,因为你的两个 A 能大大减少对手打成任何高阶定约的机会。三阶阻击叫同样适用这条原则。当然在第三家位置上时所有的约束都失效(但我还是不大会这么做)。

2) 不要用一手足以正常开叫的牌做弱二开叫。这样容易给弱二开叫的一方造成损失。在其他桌上大多数牌手拿相同的牌时会在一阶开叫,如果你戏剧性地改变了叫牌进程,你方可能会丢局,或者同伴做了错误的阻击叫之后,对手更有可能成功地介入叫牌。下面几个牌例我认为应该在一阶开叫而不是做阻击叫。

♠A K 10×××　　♡K××　　◇×　　♣×××

♠J 10××　　♡×××　　◇A K Q×××　　♣—

♠A××　　♡××　　◇×　　♣A J 10 9×××

♠A K 10×××　　♡××　　◇Q 10 9××　　♣—

3) 不要算上双张 Q,单张 K 或者类似牌的价值。这些牌张在防守时也许能够得墩,但在主打时毫无价值。如果你拿着类似这样的牌:

♠Q J 10×××　　♡Q××　　◇K　　♣Q××

那就不叫。

牌例 1

双方有局, 队式赛, 你坐南拿着:

♠K843 ♡AJ10872 ◇954 ♣—

西	北	东	南
		不叫	?

你叫什么呢?

牌例 2

双方无局, IMP 制, 你坐南拿着:

♠AKJ9752 ♡1052 ◇J4 ♣2

你是发牌人, 在第一家位置时你叫什么呢?

3

解答-牌例1

双方有局,队式赛,你坐南拿着:

♠K843　♡AJ10872　♢954　♣—

西	北	东	南
		不叫	?

你叫什么呢?

你有 8 个大牌点和一个缺门。这手牌够在一阶开叫吗? 我会回答不够。即使习惯轻开叫的人都会认为这手牌不可以开叫。这里面有两个不利因素:

1) 你在第二家位置上,这意味着轻开叫误导同伴与误导西家的机会均等。

2) 你方有局。

实际上如果我们打弗兰诺雷 (Flannery) 2♢ 表示有四张黑桃和五张红心的话,我可能会开叫。因为这个叫品很好地描述了这手牌,接下来只需静候同伴的决定。

开叫 2♡ 如何? 很多桥牌书都不建议拿着四张另一门高花时做弱二高花开叫。主要有以下三条理由。首先,你可能轻易错过另一门高花的极佳配合。其次,对手在你第二门高花上有配合的机会变少了。另外,同伴很可能会因为他的黑桃是短套,认为对手会在黑桃上有很好的配合而提前牺牲。

我不遵循这条规则,因为这手牌分布的特点,我相信干扰对手叫牌的机会比影响同伴的机会要大。就是这手牌,在我的理论下产生了最好的结果——我在 2012 加拿大桥牌锦标赛上选择了开叫弗兰诺雷 2♢ (多义,表示某一门高花的弱二)。后面发生的事情不在桥牌叫牌理论的范畴里。

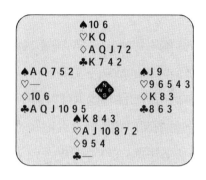

西	北	东	南
		不叫	2◇¹
不叫	2NT²	不叫	3♣³
加倍	4♣⁴	不叫	4◇⁵
4♠	加倍	全不叫	

1. 某一门高花的弱二(多义)。

2. 问叫。

3. 高限。

4. 请让我转移到你的高花上。

5. 我是红心套。

西家当然有理由决定加倍南家的3♣来表示自己有草花长套, 然后在四阶上再叫出黑桃。现在他该后悔这些决定了。

同伴首攻♡K, 庄家将吃。然后打♠A, 再出小黑桃到♠J, 我赢进之后打另一张红心。庄家失去了这手牌的将牌控制, 结果宕五吃到-1400 分。

尽管在另外一桌我们的队友让南北方打成了4♡(本该宕一), 我们在这副牌上还是赢得了两位数的 IMP 比分。

经 验 总 结

1) 是否做阻击叫,和其他叫牌决定一样,需要权衡每个决定的利弊,然后决定从长远来看哪个叫品的成功率更高。

2) 东家在 4♠ 之后不叫犯了个大错,他本可以选择 5♣。即便定约的阶数会抬高一阶,当你对同伴的两门花色都没有很好的配合时,总是要选择同伴第一次叫出的花色。请注意,在红心首攻之后,庄家可以从明手出黑桃飞牌,最后仅输一墩草花和一墩方块,打成 5♣!

3) 尽管有些偏差(只有 8 个大牌点,并且是六张而不是五张红心),开叫弗兰诺雷 2◇ 能够非常好地描述你的牌。回顾前面第一点提到的,我认为开叫弗兰诺雷 2◇(如果你用这个约定叫)利大于弊。提醒一句:你所在的桥牌组织(在北美是 ACBL——美国定约桥牌联合会)可能会禁止你在仅有 8 个大牌点时开叫弗兰诺雷 2◇,即便是 4-6 牌型。

解答-牌例 2

双方无局，IMP 制，你坐南拿着：

  ♠A K J 9 7 5 2 ♡10 5 2 ◇J 4 ♣2

你是发牌人，在第一家位置时你叫什么呢？

  这是一手好牌，有非常好的七张套。另外，你的花色是黑桃，所以你方在同阶水平上永远能盖住对方的花色。你应该开叫吗？如果开叫，叫什么呢？

  这手牌符合阻击叫的要求，有一门长套，边花没有牌力。这手牌也几乎够正常开叫的了。唯一的缺陷是你的点力相对不足，并且在黑桃以外的花色上没有防守实力。

  我坚信不用七张套做弱二开叫，所以 2♠ 排除。我只会在尝试做输赢时开叫 1♠——否则，不叫。我会考虑开叫 3♠，但不是在这种局况下。阻击 3♠ 之后的问题在于，同伴永远不会认为你有那么好的牌，而是会假设你大概拿着这样的牌：

  ♠K J 10 9 7 5 2 ♡10 5 2 ◇Q J 4 ♣2

  其他不做阻击叫的理由是，当你拿着最高级别花色黑桃时，没有必要做阻击叫。你总能随时争叫，并且你能够先听一听搭档和对手在三阶上没有压力时的叫牌。如果我决定阻击，实际上我会开叫 4♠。

  实战中南家开叫了 3♠，然后发现同伴拿着：

  ♠4 ♡K Q 8 5 ◇A K Q 8 5 ♣Q 10 3

同伴正确地不叫，♠Q 跌落之后打成了五黑桃。

经验总结

1) 除了第三家开叫，你要确保同伴知道你开阻击叫的合理期望范围，同伴要知道你会拿着怎样的牌。拿着太强的牌或者太弱的牌做阻击叫都会误导同伴。

2) 拿着红心或者低花比拿着黑桃更有理由做阻击叫。理由是当阶数提高时，你更容易被挡在叫牌之外，但当你拿着黑桃套时，这种事情永远不会发生。

牌例 3

南北有局,你坐南拿着:

♠KQ976542 ♡J10 ◇— ♣A86

作为发牌人,你叫什么呢?

牌例 4

南北有局,IMP 制,你坐南拿着:

♠— ♡K ◇AKQ97632 ♣K876

西	北	东	南
1♣	1♡	1♠	?

当每个人都叫了一个花色之后,你怎么办呢?

解答-牌例 3

南北有局,你坐南拿着:

♠ K Q 9 7 6 5 4 2 ♡ J 10 ◇ — ♣ A 8 6

作为发牌人,你叫什么呢?

我们继续探讨在考虑是否做阻击时的叫牌策略。有些牌,我们可做出显而易见的叫品,然后顺其自然。但有时候我们拿到的牌则需要一些提前计划和选择。

牌例 3 就是这样的牌。你可以开叫 1♠ 或者 4♠。其他选项实在是不可行,虽然不叫可能也是不错的选择。

在做决定时,首先考虑的是局况。这副牌,假如开叫 4♠ 是错的,宕一是 -100 分,被加倍的话就更多了,这样的话肯定是一个坏分。开叫 4♠ 的第二个问题是,在这种局况下,对手更有可能凭着一些牌型牌在五阶上叫牌。他们有三种机会成功:

1. 他们可能打成,或

2. 也可能是一次获利的牺牲,或

3. 他们能迫使你方叫到五阶,然后打宕。

因此 1♠ 是正确的叫品。你不必那么早就做抉择,可以先仔细倾听其他三位牌手的叫牌。

叫牌如下继续,你又面临一个新的决定:

西	北	东	南
			1♠
2◇	不叫	2NT	?

看上去同伴并没有多少牌点,但可能有长方块。如果对手叫 3NT,他们有两个黑桃止张的话你不太可能防宕,因为你只有一个进手。最好的机会是叫 3♠,希望能买单——至少能阻止他们叫到 3NT,一个你不希望听到的叫品。整手牌如下:

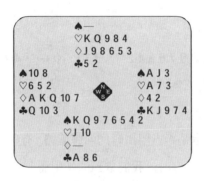

你的 **3♠** 结束了叫牌,对手没有找到正确的防守路线,你打成了定约。同时,**3NT** 在大黑桃首攻下能打成。庄家会逼出 **♣A**。南家继续打黑桃会产生第十墩:四墩草花,三墩方块,两墩黑桃和一墩红心。如果南家换攻红心,庄家忍让一墩后兑现草花和方块赢墩,赢得九墩。第 **12** 墩打出黑桃,南家不得不交出一个超墩。

经验总结:

1) 当你不确定要叫多高的时候,从低阶开始,先听听别人的叫牌几乎是最好的选择。

2) 在局况有利时,**4♠** 是非常可取的叫品。对手在有局的情况下会三思是否还要在五阶上介入叫牌,同伴也知道对手叫牌的话该做什么。

3) 拿着最高级别花色黑桃是巨大的优势,因为你知道你总是可以在相同阶数上和对手竞争。

4) 拿着北家的牌在 **2◇** 之后不要仅仅因为你有红心套就做一个有疑问的否定性加倍。大写的失配即将浮现,而你只有低限牌力。

5) 这手牌有个话题,这个话题我们后面还会多次提到,就是"庄家优势"。这是基于精准的防守比精准的做庄要困难得多的事实。这副牌 **3♠** 能打成也能被防宕,但对东西方而言要找到正确的防守路线实在是太难了。

解答-牌例4

南北有局,IMP 制,你坐南拿着:

♠— ♡K ◇AKQ97632 ♣K876

西	北	东	南
1♣	1♡	1♠	?

当每个人都叫了一个花色之后,你怎么办呢?

这里没有一个明确的"正确"答案。有时候凶猛些好,有时候则又需要小心谨慎,在二阶、三阶、甚至更高阶数上叫出你的长套。有四个理由支持这手牌叫 5◇ 而不是 2◇:

1. 我对满贯并不乐观。叫草花的人在我下家,此外我在同伴的花色上只有单张(虽然是张好牌)。我不认为能做出十二墩。

2. 对手可能会加倍 5◇,以为我在提前进行牺牲。

3. 对手如果继续叫牌,同伴就处在一个对决策十分有利的位置上。他会评估他的方块配合,也知道我有些牌力。

4. 5◇剥夺了对手所有的叫牌空间。他们现在只能猜测该做什么。

整手牌如下:

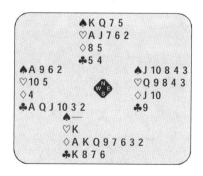

西家叫5♠，北家加倍，得了+800分。首攻红花色能防宕5◇，但如果西家首攻♠A或者草花的话，5◇就能打成。

牌例 5

双方有局，IMP制，你坐南拿着：

♠83　♡AKQ10985　◇—　♣K1097

两家不叫之后你叫什么呢？

牌例 6

双方有局，比赛分制，你坐南家，作为发牌人拿着：

♠QJ98653　♡J96　◇K9　♣K

你叫什么呢？

解答-牌例 5

双方有局,IMP 制,你坐南拿着:

♠ 8 3   ♡ A K Q 10 9 8 5   ◇ —   ♣ K 10 9 7

两家不叫之后你叫什么?

如果你们用纳亚茨转移叫(Namyats),那就有一个明确合理的叫品。不然就要在 1♡ 和 4♡ 里选择。1♡ 可以让你在面对一手极佳的不叫过的牌时能够叫到满贯,比如:

♠ ×   ♡ × × ×   ◇ Q × × × ×   ♣ A Q × ×

或者

♠ A K × × ×   ♡ × ×   ◇ × × ×   ♣ Q J ×

但 1♡ 这个叫品的问题在于你会让对手在低阶就能介入叫牌,对着同伴不叫过的牌,你可能没有防守赢墩!

放弃满贯,我叫 4♡。这样对手就会处在巨大的压力之下。第三家直接进局的叫品可能是任意牌。如果对手加倍,也许能得 1100 分! 不过如果对手不叫,他们就很容易错失铁的局或者满贯。一旦你做了强阻击叫并加倍对手争叫的定约,对手叫牌后的跟进加倍通常都是正确的。你这么做是要告诉同伴,“除了有一个长套,我的阻击叫还基于一手好牌,有防守牌力。请你不叫,如果你觉得我们不能击败他们,那就加叫我的花色。”如果同伴拿着:

♠ × × × ×   ♡ × ×   ◇ Q J × ×   ♣ Q × ×

他会放过我对西家争叫 5◇ 的加倍。但在没有什么防守牌力时同伴要叫回 5♡,比如拿着类似这样的牌:

♠ × × × ×   ♡ × ×   ◇ × × ×   ♣ Q J × × ×

这副牌来自 2014 年加拿大队式锦标赛(方位已旋转):

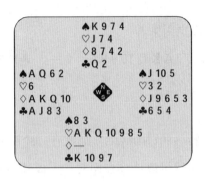

在桌上西家凭借一手强牌加倍 4♡,结束了叫牌进程。在猜对草花之后,我兴奋地在计分表记下 4♡ 加倍定约完成得到 +690 分。尽管其他桌上也产生了同样的叫牌进程和结果,但在后续的比赛中我们因此大大受益。这是四分之一决赛 64 副牌中较早期的一副。我在其他情况下进行了很多次阻击叫,而对手因为总记着这个 -690 分,所以对介入叫牌有点像惊弓之鸟了。

经 验 总 结

1) 如果你用好牌先进行阻击叫,随后加倍表示牌力,能够让同伴选择做庄还是防守。

2) 面对不叫过的同伴,大多数搭档都认可偏离你们正常约定的阻击风格。模糊你的阻击叫可以赢到很多大牌,但我建议只有在同伴后续基于这个误导信息也不会做出更差的决定时才能这么做。

解答-牌例 6

双方有局,比赛分制,你坐南家,作为发牌人拿着:

♠Q J 9 8 6 5 3　♡J 9 6　◇K 9　♣K

你叫什么呢?

阻击叫的主要目的(重要的事情说三遍!)是干扰对手的叫牌。不过,你需要有一致性,这样同伴才会知道该做什么。

一个因素是局况(本书第 3 章讨论的全部都是关于局况与叫牌决定的问题)。有局方时你应该有更好的牌。可以是牌点高,也可以是有牌型,或者兼而有之。照着这个思路,南家实战中叫了 3♠。在我看来这是个很差的叫品,因为两个 K 和♡J9×在边花上。

北家正确地不叫。他拿着:

♠—　♡A Q 10 8 4 2　◇A Q 7　♣J 7 6 2

南北方错过了铁的成局定约 4♡。一个好的有局方阻击叫的牌应该是这样的:

♠A K J 10×××　♡J 9 6　◇××　♣×

牌例 7

南北有局，MP(比赛分)制。你坐南拿着：

♠ 10 9 8 7 4 3　♡ K 10 3　♢ K Q J　♣ 8

西	北	东	南
			不叫
1♣	不叫	1♡	?

你叫什么呢?

牌例 8

南北有局，MP 制。你坐南拿着：

♠ A Q J 10 8 6　♡ —　♢ 7 6 2　♣ Q 6 3 2

你发牌，第一家叫什么呢?

解答-牌例 7

南北有局,MP(比赛分)制。你坐南拿着:

♠ 1 0 9 8 7 4 3　♡ K 1 0 3　◇ K Q J　♣ 8

西	北	东	南
			不叫
1♣	不叫	1♡	?

你叫什么呢?

桌上南家叫了 2♠。他的理由是,之前没有开叫 2♠,他的搭档应该认为他现在是六张黑桃,有些牌力。不幸的是,现实的发展不尽如人意。西家继续叫 3♡,现在北家拿着:

♠ A Q 5　♡ 7 6 4　◇ 9 6 5　♣ K 1 0 9 7

他担心同伴是六张或七张黑桃的弱牌,没有其他牌力,这样对手的成局定约就会是铁牌。因此他并不想推动对手继续往上叫,于是放过了 3♡,结果宕二,南北方得到 100 分。由于 3♠ 能打成可得 140 分,这副牌南北方得了个坏分数。

在我看来,南家应该争叫 1♠。这手牌有足够的大牌点,长套虽然质量一般,但有六张也足够去争抢部分定约了。开叫 2♠ 有两个缺陷,第一是你错误地描述了你的牌——2♠ 的牌应该更像是这样的:

♠ K J 1 0 × × ×　♡ × ×　◇ × ×　♣ × × ×

错误的描述会误导同伴。另一个问题是,在这种局况下,东西方更有可能加倍,-200 永远会是个底分。

整手牌如下:

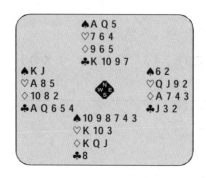

经验总结

1) 大牌实力都在边花上时不要做阻击叫！我情愿用大牌点更少的牌叫 2♠，比如：

♠ 1 0 9 8 7 4 3　　♡ A××　　◇×××　　♣×

2) 尽管跳争叫可表示出六张套，但对我而言这并不是一个好的叫品，因为对手已经交换过一些信息，这个约定叫透露给对手信息的风险超过给我方带来的好处。

3) 正如北家在这副牌上的处理，在决定是否要加叫之前，思考一下，如果对手继续叫牌，你是否明确该做什么。如果你不喜欢那个答案，或者不知道这手牌属于哪一方，那就考虑不要加叫！

4) 记住，当有人先不叫过，随后跳争叫，通常意味着他的牌某种程度上不适合开叫弱二。常见的理由是：

* 七张套，

* 边上还有四张高花套，或者

* 不合适的牌力。

解答–牌例 8

南北有局,MP 制。你坐南拿着:

♠A Q J 1 0 8 6　♡—　◇7 6 2　♣Q 6 3 2

你发牌,第一家叫什么呢?

这是一手非常好的弱二开叫牌,我的开叫取决于局况和对手。这次是 MP 制,有局方,我认为正确的开叫是 2♠。我甚至会考虑在某些叫牌进程中进行第二次叫牌。

当局况有利时,在队式赛或者双人赛里我都会开叫 1♠,理由是这手牌足够满足同伴的期望,还有可能阻击到对手,他们在这种局况下对于是否要介入叫牌就会显得更为保守。注意,如果你的套是红心,这种策略通常就不会那么有效。而双方无局时,我会在双人赛时开叫 1♠,队式赛时开叫 2♠。

这些战术并不总是能够在所有的牌上都获得最佳效果,仅仅是我的个人经验总结。这次,同伴实际上拿着:

♠4 3 2　♡K Q J 2　◇A Q J 4　♣A J

如果你开叫 1♠,你们会叫到一个不大好的满贯(幸运的是能打成)。

经 验 总 结

1) 要根据各种信息做出叫牌决定。包括：

  * 局况，

  * 计分方式，

  * 位置，

  * 搭档风格，

  * 对手风格，

  * 比赛形势，

  * 持有的花色套质量，

  * 对搭档间士气的影响。

2) 记住，你所做的任何叫牌都会潜在地鼓舞或者打击搭档间的士气和信心。

  请理智地进行选择！

第2章　阻击后的叫牌

这是一个很重要的课题。其他三位牌手经常做阻击叫。所以我们需要知道该如何思考，才能在这些情况下持续获得成功。

对手的阻击叫

当对手剥夺我方的叫牌空间之后，我们必须能够应付。这里有一些关键的准则：

最可能的叫牌 对 可能的最佳叫牌

通常来说，同伴可能无法做出最符合持牌的正常叫品。因此，他经常不得不选择变通叫牌或者在有些额外实力时保守地叫牌。在后续的叫牌进程中要时刻牢记这一点。

竞争性叫牌

假设同伴开叫一阶高花，对手在三阶上进行阻击，其花色等级比同伴的要低。比如：

西	北	东	南
	1♠	**3♣**	？

三阶加叫是竞争性的，大多数都是"礼节性加叫"。这样叫是要告诉同伴："我有一些实力和配合，但通常是少于好的9点。"

低限的竞争性加叫的一个例子是:

$$♠××× \qquad ♡K××× \qquad ◇QJ×× \qquad ♣××$$

同伴需要一手非常好的牌才够加叫到局,就如同叫牌进程是1♠-2♠一样。

应叫人有 9~12 点和将牌配合时应该直接叫到局,这么做的理由是,对手已经限制了你的选择,进局是最好的猜测,因为已经不可能进行邀叫了。

对你方而言,有两个显著优势能够弥补你的叫品短缺的大牌点:

* 阻击叫泄露了很多信息,让你做庄时能够更容易地进行计算。

* 阻击叫的同伴,很有可能是拿着剩余大牌的人,坐在开叫人的上家,而开叫人拿着你们联手大部分的点力。在有些叫牌进程中,阻击叫的人在你方强牌的上家,那就要叫得温和些。

这两大优势能够抵消一个劣势,就是花色分布可能会较差。对我而言,这个进程下跳叫 4♠ 的低限牌是:

$$♠AQ× \qquad ♡××× \qquad ◇QJ109× \qquad ♣××$$

有 13 个大牌点以上时,扣叫对手的花色。这表明你有足够加叫进局的牌力,要是同伴有满贯兴趣可以进行试探。这个叫牌进程中的扣叫不保证在对手这门花色上有控制。

否定性加倍

由于叫牌空间的限制,阻击叫之后三阶和四阶上的否定性加倍,相比显示未叫高花或者其他未叫花色等具体牌型,更倾向于显示大牌实力。三阶上的加倍通常是表示有非常好的 8 点或者更好。对四阶上的加倍来说,好的 9 点是能接受的最低限了。

注意:当你加倍,你承诺的是可转换的大牌价值(对于主打或防守都有帮助)。因此,在同伴开叫低花之后,如果对手阻击叫 4♠,你不能用这手牌加倍:

♠ K Q 9 × 　 ♡ × 　 ◇ × × × 　 ♣ K × × ×

因为你的点力只对防守有用。你必须不叫。如果同伴有额外牌力,他可能会加倍,这时候你就能够不叫,将加倍转换成惩罚性。

首要的原则是,对同伴开叫花色没有配合时,介入叫牌要相对保守些。

保护同伴

继续讨论上一个叫牌进程,现在你是开叫人,同伴不叫:

西	北	东	南
	1♠	3♣	不叫
不叫	?		

你的牌是:

♠ A K × × × 　 ♡ K Q × 　 ◇ × × × × 　 ♣ ×

假设你们在这个叫牌进程中使用否定性加倍,你必须保护同伴,万一他想要惩罚对手。因此加倍是一个"正常"的叫品。这个加倍不保证有额外牌力,只保证在阻击叫的花色上是短套。

如果南家拿着:

♠ × 　 ♡ Q × × 　 ◇ A Q × × × 　 ♣ K J 9 5

他可以将加倍转变成惩罚性。如果他的牌是:

♠ × 　 ♡ Q × × 　 ◇ K Q × × × 　 ♣ J × × ×

他会简单地叫出 3◇。

这个平衡性准则有一个重要的例外,就是当你方有局而对方无局。在这种情况下,拿着第一手牌,南家正常叫 3NT,因为南北方至少要打宕 3♣四墩得分才能超过 +600。同样这个进程,如果局况不利,作为开叫人,拿着这手牌我可能会放过 3♣:

♠ A K × × × 　 ♡ Q × 　 ◇ K × × × 　 ♣ × ×

我方阻击叫

现在我们来看一些同伴阻击叫后的叫牌进程。如上一章所讲，在第三家位置上做阻击叫是可以稍微降低标准的。因此我主要关注同伴在第一家或第二家位置上做阻击的叫牌进程。首要考虑的因素就是配合的程度。

如果你开叫，和同伴没有配合，拿着 13~17 点，你可能做不成局(当然除非你拿着坚固长套或者半坚固套)。同伴可能没有进手，通常在你试图建立的长套上较短。此外防家通常更容易透视庄家的牌，打出非常精准的防守。

有了配合之后，则是另一番景象；现在如果大牌分布理想，有坚固套，即使是一手低限牌也能给你一个合理的进局尝试。当然，在 MP 制比赛里，这样的牌仍然不建议叫高，因为你叫一个边缘局的潜在收益不足以超过可能打宕的损失。但在 IMP 制比赛里，你方有局的情况下，这通常值得冒险一试。

除了将牌配合之外，你还要找寻其他花色的 A 和 K，以及赢墩的来源。假设同伴第一家开叫 2♡，你拿着：

♠×× ♡K J×× ◇Q J× ♣K Q J×

你这手牌够开叫，但还不足以叫局或者邀局。如果同伴拿着♡AQ××××，防守方有方块将吃时，你甚至打不成 2♡。成局的机会很小，即使同伴拿着：

♠K× ♡A Q×××× ◇× ♣10×××

你也不是 100%能完成。

不过，将你的牌变成：

♠A××× ♡K× ◇K Q J× ♣×××

现在同伴可以轻松地完成一局，即使他拿着这样的低限牌：

♠× ♡A Q×××× ◇×××× ♣××

当拿着开叫的低限牌，但有很好的赢墩来源，没有太多的大牌输墩时，也值得考虑叫进局。比如：

♠× ♡K×× ◇A K J 10×× ♣×××

面对多种 2♡ 开叫的牌,成局定约都是铁牌。我会直接叫进局!

好了,我们来看些真实生活中的例子。我会从最近地区比赛中的一副绝妙的牌开始,给出详尽的分析。

牌例 9

双方无局,MP 制,你坐南拿着:

♠10　♡J 9 3　◇K 5 4　♣K Q J 6 5 3

西	北	东	南
	1♠	3◇	?

你叫什么呢? 如果是队式赛,或者你是和专家级牌手搭档,会有不同吗?

牌例 10

南北有局,MP 制,你坐南拿着:

♠A K 5　♡A 10 9 7 6　◇Q 5 3 2　♣J

西	北	东	南
1♣	不叫	3♣[1]	?

1. 阻击叫

你叫什么呢? IMP 制时你又怎么叫呢?

解答-例 9

双方无局, **MP** 制, 你坐南拿着:

$$♠10 \quad ♡J93 \quad ◇K54 \quad ♣KQJ653$$

西	北	东	南
	1♠	3◇	?

你叫什么呢? 如果是队式赛, 或者你是和专家级牌手搭档, 会有不同吗?

这手牌在不同层面上都具有启发意义, 我会对牌手及形势进行分类讨论。

基础问题

第一个问题是这手牌是否够叫否定性加倍。否定性加倍的一个基本原则是你对不同阶数都要有相应的大牌实力。通常来说在三阶上竞叫需要好的 **9** 点(8 点, 如果同伴做庄好)或更好。所以, 就这手牌, 大牌实力是足够的。但否定性加倍的理想情况是有四张未叫的高花, 不过这个要求在三阶或更高阶数上不一定是必须的, **如果你有开叫花色支持的话**。

综合考虑这里做否定性加倍不是一个好的选择。你没有四张红心, 和同伴已经失配。

中级问题

我们学过的一条原则是, **MP** 制时不要得负分, 要取得确定的正分。时刻牢记这条价值连城的原则。不过, 不显示你的牌力也会有危险。

尽可能地表示出你的牌力 —— 在叫牌进程中越早越好。

如果你总是不叫, 好的对手会在不知不觉中抢走你的分数。相比我的同水平牌手, 我在边缘牌的处理上较为进取。

如果我们不能做否定性加倍,还能做些什么呢?我们可以叫 4♣。你有一个好的六张套,在这个叫牌进程中你还有与 A 几乎等值的 ◇K,但再没有什么其他牌力了。我们可能得负分,但至少能叫出你的长套。另外还有个机会,就是同伴可能有好的草花配合,你们的大牌配合得很好。我希望他拿着:

♠AQ××××   ♡A×   ◇×   ♣A×××

高级问题

叫 4♣ 在同伴有配合时会有好的效果。如果同伴没有配合,则会得到差分,因为你方至少要在四阶上主打。

高级牌手要做的第一件事情是分析叫牌进程,做出一些假设。首先,尽管叫牌被阻击了,东家还是可能拿着好的方块套,比如 ◇AQJ×××(×)。他甚至可能还有边花大牌。

更好的叫品是 3NT。不管同伴是有 ◇A× 或者 ♣A×,3NT 都会是个好定约。并且,所有的飞牌看上去都会成功。打成这个定约有很好的得分。而且,一个高级牌手知道,如果方块是这样分布的话:

◇×
◇××   ◇AQJ××××
◇K××

东家第一墩会出 ◇J,但南家可以忍让,在方块上阻断对手的联通,除非东家还有边花上的进手。不过,尽管 3NT 是一个很好的叫品,但仍然是赌博。

专家问题

尽管你有 10 个大牌点,还有个好套,而且同伴开叫了,但这些并不能保证你能打成任何定约,如果同伴是 5-4-3-1(或 5-4-4-0)牌型或者你不能树立起草花套并兑现赢墩。

专家叫品是不叫。3NT 是一个很好的叫品,在大多数情况下是正确的选择。

但为什么不让你那专家级的搭档来帮你做决策呢。如果他拿着 5-4-3-1 的低限牌：

♠ A Q×××　♡ K Q××　♢ ×××　♣ ×

　　你打 4♣ 会宕很多，3♢ 同样也打不成。他知道你不会是方块短套的好牌，因为你没有做否定性加倍，于是拿着这手牌他会不叫。

　　如果北家方块短，比如是 5-4-1-3，5-4-2-2，5-3-1-4，6-3-1-3 等牌型，他会加倍做重开叫。他知道西家不叫意味着你有些牌力，你可能是陷阱式不叫，准备尝试惩罚 3♢。

　　拿着你的牌，你要在同伴的加倍后叫牌，做出最佳猜断。现在你知道同伴方块短。如果他有♣A，你还是能够完成 3NT。但如果他没有♣A，你会宕很多。因此我会叫 4♣。同伴可能不叫，我期望能完成定约，如果左手方只有单张方块而同伴有两张，那么会宕。5♣ 有可能会打成，但我不会叫的。首先，你这是对同伴保护你的措施的惩罚，其次，这个定约可能打不成。最后，错失无局方的局并不是世界末日，最多价值 6 个 IMP。

经 验 总 结

1) 在同伴开叫,上家做阻击叫之后,在三阶的简单加叫仅仅是竞争性的,表示有 5 点到差的 9 点。应叫人有配合,10 点以上时就简单叫进局,因为你们已无机会进行邀局试探。

2) 三阶或更高阶数上的否定性加倍仅需要好的 9 点以上。通常是表示一手有可变价值(既有利于做庄也有利于防守)的牌。

3) 三阶或更高阶数上的否定性加倍不一定保证有四张未叫的高花,但如果是低限牌,我强烈建议对同伴花色要有支持,至少能承受同伴的花色。

4) 不叫或叫牌同样危险。尽可能表示出你的牌力,在叫牌进程中越早越好。

5) 记住,在阻击叫之后,南北方可能没有最合适持牌的叫品,但也不得不做出选择。需要考虑你将来叫牌选择的变化因素。

6) 当同伴没有做否定性加倍,你又在争叫花色上是短套,当你有着"正常"分布时(比如在 2◇ 或 3◇ 争叫后,可以用加倍重开叫的几种分布: 6-4-1-2,5-5-0-3,5-3-1-4,5-3-2-3),你要用加倍重开叫来保护同伴。这个加倍不保证有额外牌力。

解答-牌例 10

南北有局,MP 制,你坐南拿着:

♠A K 5　♡A 10 9 7 6　♢Q 5 3 2　♣J

西	北	东	南
1♣	不叫	3♣[1]	?

1. 阻击。

你叫什么呢? IMP 制时你又怎么叫呢?

在介入叫牌进程之前你永远要遵循自己的叫牌策略, 尤其是在对手先开叫之后。当你有一手好牌时, 有几个标准的问题要问问自己:

* 我的牌是否足够叫牌?

* 我的叫牌会对谁帮助更大,我方还是对手?

* 最佳叫品是什么?

与第三点相关的一个重要问题是"我的牌能叫一次还是两次(或者更多)?"

这里你有一手足够开叫的牌, 有好的牌型和好的五张套, 对其他两门未叫花色都有支持。不过,现在你这手牌只能叫一次。你应该做出长远来看能导致最佳结果的叫品。你要在加倍和3♡中做出选择。加倍的好处是:

* 支持所有未叫花色,

* 表示有开叫实力,并且

* 如果同伴不叫,将你的技术性加倍转为惩罚,你也很乐意。

叫3♡的好处是你显示了五张红心套。但牌力和牌型分布有很大偏差,这让同伴在后续叫牌进程中做出正确决定变得更加困难。

在我看来,加倍显而易见是最佳叫品。另外还有一个支持加倍的因素是,如本章开头提到过的,在阻击叫之后,花色分布会比没有阻击叫时更为恶劣。因此当同

伴在其他两门未叫花色有五张或者六张时,你其实并不想太强调红心套。这副牌来自 2013 年美国威尼斯杯资格赛阶段:

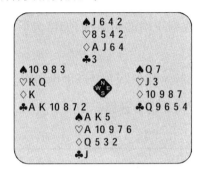

实际的叫牌进程是:

西	北	东	南
1♣	不叫	3♣[1]	3♡
5♣	5♡	全不叫	

1. 阻击。

就算♠Q 双张被击落,红桃是 2-2 分布,◇K 位置有利,5♡ 定约仍然宕一,南北方的队友坐东西打 5♣ 加倍定约宕二,于是双输,损失了很多 IMP。如果南家当时加倍,叫牌就会这样发展:

西	北	东	南
1♣	不叫	3♣[1]	加倍
5♣	加倍[2]	全不叫	

1. 阻击。

2. 可变的牌力。

经验总结

1) 选择成功可能性最大的叫品。这副牌叫 3♡ 就将叫牌指向了红心定约，使同伴没有机会找到正确的叫品，而加倍会引向其他定约，甚至可能是 3♢ 加倍！

2) 当同伴在第一次叫牌时加倍对方已经进局的叫品，比如第二个牌例，不要因为害怕而出套。比如这个进程：

西	北	东	南
		4♠	加倍
不叫	5♣		

北家叫 5♣ 希望打成。如果是拿着五张草花的弱牌，北家应该不叫，希望击败 4♠。

牌例 11

双方无局, IMP 制, 你坐南拿着:

♠ A K 8 5 2   ♡ K Q 8 3   ◇ Q   ♣ K Q 6

西	北	东	南
			1♠
3♣	不叫	不叫	?

你叫什么呢?

牌例 12

双方无局, IMP 制, 你坐南拿着:

♠ Q J 10 8 2   ♡ K 10 9 6   ◇ Q 8 3   ♣ 5

西	北	东	南
		3♣	不叫
不叫	4♡	不叫	?

你叫什么呢?

解答-牌例 11

双方无局,IMP 制,你坐南拿着:

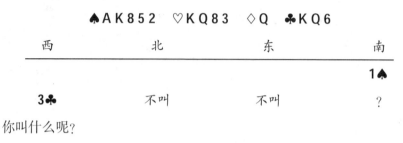

♠A K 8 5 2　♡K Q 8 3　◇Q　♣K Q 6

西	北	东	南
			1♠
3♣	不叫	不叫	?

你叫什么呢?

你拿着 19 个大牌点,当然不可能让对手的 3♣买单。打成局的机会很好,尤其是你从西家的阻击叫中还能接收到很多有用的信息。你要在 3NT 和 3♡ 之间做出选择。一个只是简单叫到局,另一个选项兼顾到了 4-4 或者更好的高花配合。哪一个叫品是正确的呢?

我发现,很多牌例中如果对手做了阻击叫,打无将定约总是更好的选择。即使有很好的将牌配合,定约也会因为防家的交叉将吃或者将牌的 5-0 分布而导致失败。另一个叫 3NT 更好的依据是,同伴并没有做否定性加倍,如果他有红心,即使牌力很少也会尽量叫加倍的。

实战中南家叫了 3♡,同伴叫到 4♠。整手牌如下:

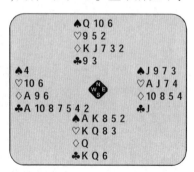

4♠在正常首攻♣A,续出草花的防守下至少宕二。3NT 可能也会宕,但在首攻草花之后,完成定约只需要一次对手的防守失误。

经验总结

1) 即使你方有八张高花配合,**3NT** 也经常是对手阻击叫之后的最佳成局定约,因为花色分布可能非常不利。

2) 打无将而不是有将定约的另一个好处是,就算都有可能打宕,当你打有将定约而对手有一大堆将牌时就会更容易加倍,但打 **3NT** 定约,他们不知道你会从哪门花色中获得足够的赢墩,因而往往不敢加倍。

解答-牌例 12

双方无局，IMP 制，你坐南拿着：

♠ Q J 10 8 2   ♡ K 10 9 6   ◇ Q 8 3   ♣ 5

西	北	东	南
		3♣	不叫
不叫	4♡	不叫	?

你叫什么呢？

这副牌出现在一次网络队式赛上，亮点是我搭档布拉德·巴特(Brad Bart)做出的叫牌。我怀疑很少牌手会如此思考，更少牌手会做出同样的叫牌。北家独自跳叫进局表示有一手强牌。究竟有多强呢？**17~21** 点的一手强牌，有很好的六张以上套，或者大约四个或四个半输墩。尽管没有 **A**，这手牌有很好的将牌和草花控制。布拉德叫了 4NT，在我的"0 个或 3 个关键张"答叫后，他直叫 6♡。我的牌是：

♠ A K 2   ♡ A Q J 8 5 4   ◇ A   ♣ Q 9 3

叫 5♣ 而不是 4NT 错在哪里呢？5♣ 确实表示了满贯兴趣，这很好，但现在你们并不知道联手有多少个关键张。这样可能会导致你方叫得过高，搭档可能拿这样的牌跳叫到满贯：

♠ K×   ♡ A Q J××××   ◇ K J 10×   ♣ —

又或者叫得不够高：

♠ —   ♡ A Q J×××××   ◇ A K××   ♣ A×

经验总结

1) 阻击叫后的跳叫是表示一手非常强的牌,低限差不多是接近开叫强 2♣ 的牌力。但在平衡位置时可能稍微轻一些。

2) **4NT** 是非常正确的,因为这给了联手叫到大满贯的机会,如果同伴有所有的 A 和♠K,或者其他合适的牌:

$$♠AK2 \quad ♡AQJ8542 \quad ◇A \quad ♣A9$$

$$♠A2 \quad ♡AQJ8542 \quad ◇AK \quad ♣A9$$

$$♠A \quad ♡AQJ85542 \quad ◇A \quad ♣A932$$

3) 牌例 **12** 中,单张草花的价值是巨大的。如果同伴有三张草花,你知道通过将吃你就能消灭同伴的两个草花输张。

4) 有很好的将牌配合和边花短套的牌经常会被低估,其实这些要比牌面上的大牌点数更有价值。

牌例 13

双方无局, **MP** 制, 你坐南拿着:

♠A 7　♡A 10 8　◇A Q J 10 7 4　♣K Q

西	北	东	南
3♣	不叫	不叫	3NT
不叫	4♣	不叫	?

你叫什么呢?

牌例 14

双方有局, **IMP** 制, 你坐南拿着:

♠9　♡9 8 7 2　◇7 6 5 4　♣8 4 3 2

西	北	东	南
		不叫	不叫
1♠	加倍	3♠¹	不叫
不叫	加倍	不叫	?

1. 阻击。

你叫什么呢?

解答-牌例 13

双方无局,MP 制,你坐南拿着:

♠A 7　♡A 10 8　◇A Q J 10 7 4　♣K Q

西	北	东	南
3♣	不叫	不叫	3NT
不叫	4♣	不叫	?

你叫什么?

阻击叫后会发生的另一件事情是,你经常会碰到以前没有遇到过的叫牌进程!首先我们试着推测一下同伴会认为你拿着什么样的牌叫了 3NT。因为叫牌是从三阶上开始的,3NT 叫品会涵盖相当大跨度的牌。大多数情况下是均型牌,低限大约是 15 个大牌点(我曾经拿着 14 个大牌点在这种叫牌进程下叫过 3NT)。拿着低限大牌点在平衡位置上叫 3NT 的依据是,同伴的不叫最多可以有 14 个大牌点,不管是均型牌或者是有长套但不足以在三阶上叫牌。另一个拿着不足牌力选择直接叫 3NT 的理由是你的止张,尤其是对手阻击叫花色的长度。A××是南家持有的最好草花挡张的牌了,做阻击叫的人通常在边花上没有进手,尤其是在无局的时候。与之相对应的,K×或者 Q××是你在这门花色中最差的挡张持牌了。有趣的是,J×××(甚至 10×××!)比前两种持牌要好,因为东家通常最多只有一张草花。

回到最初的问题:拿着均型或非均型牌,你最多可能有 20 个大牌点。要是有更多牌力的话你应该先叫加倍再叫无将或者再叫花色套,这取决于你的牌型。

现在接近答案了,在 MP 制比赛里 3NT 看上去是正确的。但 4♣是什么呢?同伴是不是:

1. 4-4 高花,叫 4♣是斯台曼?

2. 5-5 高花?

3. 三套牌,草花单缺?

最后,北家到底是拿着好牌还是差牌呢?一旦你决定了你的答案,你又该叫什么呢?

最合适的是第2种。北家不应该是第1种情况,因为你高花可能只有2-2,还有一门坚固的方块长套。第3种情况有可能存在,但从你的方块长度来看,这种可能性很低。

如果你拿着20个大牌点和一个好套,是否应该扣叫或者采取其他试探满贯的行动呢?不。同伴可能是极弱的双高花牌。满贯还很遥远,所以你只能叫4♡。

同伴拿着:

♠K432　♡976532　♢3　♣94

尽管东家拿着♢K×,我还是把4♡打宕了,因为我无法处理4-0分布的将牌,即使对手的四张将牌是处在有利位置。

经验总结

1) 当你要在一个不寻常的叫牌进程中做出决定时,记住要寻找线索。这副牌中同伴在3♣之后的直接位置不叫,所以他的牌少于开叫实力。

2) 在评估是否要做满贯试探时,先要弄清楚你的大牌位置。在这个例子中,你的牌不是很好。你在高花里的长度是低限,而且每门高花上都只有一张大牌,同时在低花上有浪费的软牌点。

3) 5♢不是一个很好的替代定约,因为更高了一阶。但是,如果东家加倍4♡,我会逃叫到5♢!

解答-例 14

双方有局,IMP 制,你坐南拿着:

♠9　♡9872　◇7654　♣8432

西	北	东	南
		不叫	不叫
1♠	加倍	3♠¹	不叫
不叫	加倍	不叫	?

1. 阻击。

你叫什么呢?

可恶! 你想着这最后的一副牌怎么会这么难处理! 同伴有极好的一手牌,但有没有好到他自己就能打宕 3♠ 呢? 是否值得冒着让对手打成得-730 的风险呢? 另一方面,你自己主打可能会宕很多。但无论如何你还得挑一个花色。

加倍的 3♠ 很可能防宕。因为同伴的大牌都在庄家之后,但庄家做庄时就会和双明手一样,并且同伴会被实施终局打法或者被挤牌,可能会从第一墩就开始了!

我的观点是这手牌不值得冒险不叫。那叫什么呢? 4♡ 有着最大的潜在回报,但这个叫品很容易招来对手的加倍,因为你已经进局了。四阶低花是最安全的,但当我和我最佳搭档合作时我不会选择这个叫品。我会叫 3NT。为什么呢?

细心的同伴会意识到你的大牌点会很少, 如果你拿着类似♠J10××的差牌,你会直接不叫,但很显然你的牌不是这样的,同伴应该能发觉你的这个 3NT 叫品是类似技术性加倍的,你希望他叫出一个花色,可能是低花。整手牌(方位已旋转)如下:

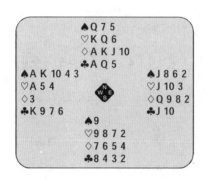

事实证明,对我们队伍而言这是一副令人沮丧的牌,在 2014 年加拿大队式锦标赛的半决赛中,我们输给了最后的冠军。另一桌的南家在第二个加倍后不叫。尽管事后发现这是正确的决定,但在对手防守出错的情况下,这个 3♠ 加倍定约本可以打成的,可惜我们的队友没有抓住这个千载难逢的机会。我们这桌的南家叫 4♡宕三,得到 -300 分,这副牌我队输了 11 IMP。

经验总结

1) 尽管我们都搞砸了,北家的再次加倍是 **100%**正确的,因为他面对
   ♡ J××××甚至是 ♡ 10××××都能打成一局。

2) 尽管我建议继续叫牌,一个合理的约定是将这种叫牌进程处理成等同于
   4♠-加倍-不叫-? 你只有在强烈地感觉到能打成定约时才叫牌。

3) 加倍对方的定约使之成为成局定约会给防守带来极大的压力,就像是
   另一桌上发生的那样,一失足成千古恨。

4) 这手牌也是庄家优势的又一例子,换句话说就是,防守比做庄更难。

牌例 15

南北有局,IMP 制,你坐南拿着:

♠AKQ1062　♡KJ762　◇5　♣A

西	北	东	南
3◇	不叫	不叫	?

你叫什么呢?

牌例 16

南北有局,MP 制,你坐南拿着:

♠K52　♡KJ94　◇96　♣AQJ8

西	北	东	南
	2♠	不叫	?

你叫什么呢?

解答-例15

南北有局,IMP 制,你坐南拿着:

♠ A K Q 10 6 2　♡ K J 7 6 2　◇ 5　♣ A

西	北	东	南
3◇	不叫	不叫	?

你叫什么呢?

这副牌出现在 2014 年 4 月加拿大温尼伯地区比赛上,我的对手不确定哪一个才是正确的行动,因为总共有四个"合理的选择":

1. 加倍。

2. 3♠。

3. 4♠。

4. 4◇。

实战中南家选择了加倍——但并不是最佳答案。理由是同伴会当你是一手均型牌,可能会跳叫草花,希望你至少有三张。北家甚至可能在一手烂牌而方块上有Jxxxx时会不叫。

叫 3♠ 则过于保守。那样的话可能会全不叫,随后发现你们原本有红心满贯。比如,北家拿着这牌时会不叫:

♠× 　♡Q××× 　◇A××× 　♣××××

那就错过了铁打的 6♡。

下一个选项是 4♠。这个叫品能确保你方叫到局,但可能会错过红心配合。这样叫的好处是带来了满贯的希望(参见牌例 75)。

最后一个选项是 4◇,同样也能看到满贯的前景,尤其是在你表明每门高花至少有五张的强牌之后。越是特殊的牌型,这个叫品所需的大牌点就越少。我觉得大多数牌手都能叫出这个叫品,我赞成大多数的选择。但以上分析中漏掉了一个关键的要素。你必须问自己这个问题：

在同伴对这些备选叫品应叫后，我该做什么？

在加倍后如果同伴叫 3NT，我会叫 4♠。

如果同伴应叫高花，我会扣叫 4♣。

如果同伴加叫 3♠ 到 4♠，我会问关键张。如果同伴叫 3NT 我会叫 5♡，试着抓住红心满贯的机会。在 4♠ 之后的选择会不会太激进，如果同伴用不足点力给你加叫到局反而会受到惩罚？是的，你可能会叫得过高。你也可以放过 4♠，得到一个确定的正分。从叫牌中你知道同伴是有些点力的——我估计大概是 6~14 个大牌点。如果他有 15 个大牌点或者更多，他可能会在 3◇ 之后直接叫 3NT。那你是否应该选择其他叫品呢？一个正面因素是，同伴不太可能会在方块上有浪费的点力，因为他没有叫 3NT。面对♡A 时满贯有得一打。面对一个 A 和♡Q，满贯也会是铁的。在这两种情况下，只需要同伴有 6 个大牌点。所以我认为在你低叫 3♠ 而同伴加叫之后，还不去试探满贯是非常懦弱的。

如果同伴在我叫 4♠ 之后继续叫牌，我可能会扣叫草花，在确定要叫 6♠ 的过程中看看有没有可能有大满贯。

最后，在 4◇ 之后，同伴最重要也最有可能的行动是 4♡。我觉得此时你正确的再叫是 4♠ 表示黑桃比红心好很多，这是温和的满贯试探，否则你会放过 4♡，或者从 3♠ 起步。如果没有满贯兴趣，北家知道同伴有很好的黑桃套，就会放过 4♠。因此我认为 4◇ 是最佳选择，我自己也会这么叫。同样，我喜欢在潜在的 4♡ 应叫之后叫 4♠，这样叫能精确地表示出你的牌力和牌型分布。

整手牌如下：

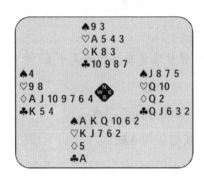

经验总结

1) 即使你已经找到了一个很不错的叫品,想一想是不是还有更好的叫品。

2) 扣叫 4◇ 并不保证有方块控制。

3) 想一想同伴可能会叫什么,而你会如何应对。这个过程能够帮助你发现原先计划中的缺陷,继而改善你的选择。

4) 注意这个潜在的叫牌进程,如果我一开始叫 4♠ 的话:

西	北	东	南
3◇	不叫	不叫	4♠
不叫	5♣		

　　5♣ 是支持黑桃的扣叫。这里很重要的一点是,如果同伴已经跳叫花色到局,五阶上的新花色就不可能是为了寻找一个更好定约的自然叫了,因为 4♠ 叫品已经保证是独立主打的将牌。所以这里的 5♣ 是满贯试探,表示草花有第一轮控制。

解答-牌例 16

南北有局,MP 制,你坐南拿着:

♠K52　♡KJ94　◇96　♣AQJ8

西	北	东	南
	2♠	不叫	?

你叫什么呢?

现在我们来看看如何应对己方的阻击叫。你是一手可以开叫的牌,黑桃上有配合并且有将吃价值。这手牌绝对值得邀叫进局,即使是在 **MP** 制比赛里。我收录这手牌是因为在最近一个本地复式比赛中,有人拿着这手牌不叫,而她的同伴拿着:

♠AQ10743　♡2　◇84　♣K642

黑桃成局定约能轻松打成。

你可能会问这些问题:

1. 我怎么知道这手牌能做进局邀叫呢?

2. 我是通过哪几个问题来得出这个正确结论的呢?

答案是:

1. 首先,要完成高花成局定约,你不能有四个输墩。看上去简单而又合理,但是……假如是这手牌:

♠××　♡KQJ×　◇Q××　♣KQJ×

同伴最好的持牌是:

♠AKQ×××　♡××　◇××　♣×××

这样有四个顶张输墩。是的,同伴可能会是单张方块,但将牌也有可能 **4—1** 分布的。

2. 接下来你需要有赢墩来源。比如:

♠K×××　♡×　◇×××　♣AKJ10×

虽然你只有 11 个大牌点,却给进局提供了很好的机会。你可以将吃红心或者树立草花。很关键的一点是你有四张将牌,既可以控制红心首攻,还能在后期作为兑现草花赢墩的进手。

这手牌足以支持进局,我会直接叫到局! 即使同伴是类似这样的低限牌:

♠ A×××××   ♡ ×××   ◇ ×   ♣ ×××

打成 4♠ 的机会也至少有 90%。很明显如果同伴有三个小方块,而对手首攻方块的话,你就不能打成(因为同伴不可能有两个 A)。

而且,不用说,你肯定得和同伴有好的配合。没有配合的话,你就需要一手非常好的牌,就像前面讨论过的那手牌一样。

经验总结

1) 每一手牌都是不同的, 但相同的是面对同伴的弱二开叫通常你都需要有配合。其他还需要考虑的是,你方不能有四个快速输墩。同伴在他开叫的花色上最好是只缺一个 A 或 K。

2) 在前两家位置上做弱二开叫的一条原则是花色套的质量要好, 如果是你方有局而对方无局,那整手牌都要好。

3) 北家这手牌再好一点的话就不能开叫弱二了。注意实战中南家的这手牌只有 10 个有效的大牌点(面对单张,红心大牌没有价值),但局还是铁的!

4) 在 MP 制比赛里,叫局略微保守一点是明智的,但你打的是桥牌!

5) 弱二开叫之后应叫新花色,在我看来最好是约定为不逼叫的,表示没有高花配合,少于邀叫牌力。这样的话如果应叫 2NT,在开叫人再叫之后,应叫人叫出新花色就是 100% 逼叫到局了!

牌例 17

南北有局,MP 制,你坐南拿着:

♠— ♡K 10 9 8 6 ◇A Q 9 3 ♣A J 9 8

西	北	东	南
	2♠	不叫	?

你叫什么呢?

牌例 18

双方无局,IMP 制,你坐南拿着:

♠A 7 4 ♡A Q 2 ◇7 5 ♣A K 10 4 2

西	北	东	南
不叫	3◇	不叫	?

你们约定在有局方时第二家位置上的阻击叫要求套的质量要好。

你叫什么呢?

解答-牌例 17

南北有局,MP 制,你坐南拿着:

♠ — ♡ K 10 9 8 6 ◇ A Q 9 3 ♣ A J 9 8

西	北	东	南
	2♠	不叫	?

你叫什么呢?

现在你有三门好套,不错的大牌点,但在同伴花色上是缺门。你方能打成 3NT 吗? 不太可能。你有很好的 14 个大牌点,还有很多中间张,尽管如此,还是看不到能打成局。仅靠这些大牌点,并且失配,对着弱二开叫的牌基本上都没有局。最好是汲取经验,保持正常叫牌节奏地不叫。你期盼对手介入叫牌,随后充满信心地加倍对方,可能会宕很多!

桌上南家叫了 **2NT**,北家叫 **3♠** 表示低限(稍后我们再探讨北家的叫牌)。整手牌如下:

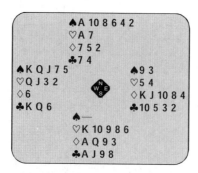

3♠宕四。同时,如果西家拿着同样是 **13** 个大牌点,**4-5** 高花而不是 **5-4** 的话,他肯定会在南家不叫后,平衡位置叫出 3♡!

北家也叫得不好。我觉得要满足开叫弱二要求的话,花色套质量应该这样:

1. 好的花色套,参考不同位置和局况(我在另一本书《边界线》中详细讨论了这个话题)。

2. 一门六张套(不是五张也不是七张)。

3. 最多一个 A。

4. 不够开叫。

注意我没有说过不能有另一门四张高花,尽管我只会在拿弱的其他四张高花时叫弱二。我认为夺走对手的叫牌空间并且表示有好的六张高花套的收益会大于可能错失另一门高花配合的风险。

北家有两个 A,应该不叫。第 3 条规则的理由是,同伴会认为你没有两个确定的防守赢墩,而如果你有两个 A,那很多情况下对手可能会宕的牌,同伴会判断失误而做无谓的牺牲。

如果北家拿着这牌开叫了弱二,那么在 2NT 之后,他的牌确实好到可以叫出 3♡,表示高限,红心上有大牌。

这里给一个例子,遵循这个叫牌策略赢得了大分。这副牌出现在 2015 年加拿大公开双人赛上,很大程度上帮助我和布拉德·巴特最后赢得了比赛的第二名:

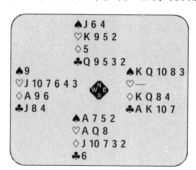

南北有局,我坐西家,在发牌位置上开叫 2♡。布拉德正常节奏不叫,南家平衡叫 3♢,我们愉快地加倍! 我首攻红心,布拉德将吃,回♠K。接下来庄家打一墩草花,形势明朗后我们得了 +1700 分!

经 验 总 结

1) 有两个 A 时不要开叫弱二。

2) 开叫弱二时张数上不要自行变通。我觉得唯一可以变通的情况是无局时,可能是好的五张套,比如 KQJ10× 或者 AKJ10×。

3) 当同伴开叫弱二,而你拿着中低限开叫牌(12~17 点),在同伴高花上是 0-1 张时,你要学会自然地不叫。

4) 应叫人对着同伴弱二开叫,先叫 2NT 再叫新花色是进局逼叫。

解答-牌例 18

双方无局,IMP 制,你坐南拿着:

♠ A 7 4　　♡ A Q 2　　◇ 7 5　　♣ A K 10 4 2

西	北	东	南
不叫	3◇	不叫	?

你们约定在有局方时第二家位置上的阻击叫要求套的质量要好。

你叫什么呢?

阻击叫是最有效的防守叫牌之一,尤其是对手还没有机会叫牌来共享任何信息的时候。不过,阻击叫也是一把双刃剑,当你方在大牌点力上占优时,尤其有害。

如我前文所述,我坚信局况和位置很大程度上决定了你应该拿什么样的牌进行阻击叫。你方无局而对方有局时在第三家位置上的阻击叫可以非常弱。另一方面,你方有局而对方无局时在前两家位置上的阻击叫应该偏向于描述,差不多应该是这样的牌:

♠ ×　　♡ × × ×　　◇ × ×　　♣ A K J 10 × × ×

或者

♠ ×　　♡ × × ×　　◇ × ×　　♣ A K Q × × × ×

在第二家位置上的阻击叫应该严格遵守搭档间的约定。理由是现在你有 **50%** 的可能性会阻击到同伴,而在第一家位置时这种可能性是三分之一。

因此在这个牌例的叫牌进程中,我会期望同伴长套的质量像 KQJ×××× 或者 AQJ××××,甚至可能是坚固套。当北家的主套略差时,在边花上就可能有大牌。实战中南家选择叫 4♣ 问 A(参见下文第 5 点),发现他们缺少一个关键张,于是保守地停在了 5◇。整手牌如下:

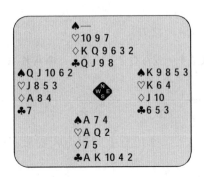

6◇是一个很差的满贯定约,但现在的牌张分布下能打成。北家在这副牌后为他不合格的叫牌向同伴道歉。不过,5◇有很好的机会能打成。

经验总结

1) 只是因为定约能打成而已,但并不意味着这是个好定约。在很多情况下正好相反。在和同伴讨论之前先想想这一点,不然你会后悔的。一个好的原则是,在比赛结束后,先等上几分钟然后再和同伴讨论那些有不同意见并且结果不好的牌。

   记住牌型表上"可完成的定约"很有可能会误导你们,因为这些假定的打法都是双明手的,比如要击落单张将牌 K!

2) 要确保搭档间对于阻击叫有着明确的约定,对应着不同位置和局况。

3) 做阻击叫时要遵守纪律。当你违反时,不仅仅是破坏了搭档间的信任,在下次类似情形下会增加同伴的心理负担。

4) 一个差套,尤其是在有局方时,会带来灾难。想象一下这副牌如果东家拿着◇AJ10××吧!

5) 你的工具箱里值得拥有这个好装置,在同伴三阶阻击叫之后,有一个叫品用来询问关键张,并且不会叫得太高。我们搭档用的体系和这手牌中的南北家一样。4◇是对草花的关键张问叫,4♣是对其他三个花色的关键张问叫。回答如下:

   加 1 级　　没有 A 或 K。

   加 2 级　　有 A 或 K,没有 Q。

   加 3 级　　有 AQ 或 KQ。

   加 4 级　　有 AK。

   加 5 级　　有 AKQ。

牌例 19

双方无局, IMP 制, 你坐南拿着:

♠A 7 2　♡A Q J 5 4　◇J 4　♣9 6 4

西	北	东	南
		5◇	?

你叫什么呢?

解答-牌例 19

双方无局, IMP 制, 你坐南拿着:

♠A 7 2   ♡A Q J 5 4   ◇J 4   ♣9 6 4

西	北	东	南
		5◇	?

你叫什么呢?

你是开叫的低限牌, 有两个 A 和一个好的五张套。对手看起来不像能打成 5◇, 而同伴也不太像能叫牌。即使我加倍后对手打成了我们得-550 分, 也仅仅损失 4IMP。对吗?

如果这是你所想的, 那你就大错特错了。在成局线上的对阻击叫的加倍表示有一手比开叫的低限牌要好得多的牌, 为均型或半均型牌, 还要有一些可转换的大牌(指对主打或防守都有利的大牌)。

整手牌如下:

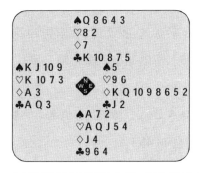

这手牌出现在 2014 年世界锦标赛混合队式赛半决赛萨尔沃队对吉林队的比赛里。

在桌上吉林队的南家牌手叫了加倍。我不知道他们是怎么想的, 但他的北家同伴叫出了 5♠, 西家加倍, 结果宕四南北方得了-800 分。在另一桌上萨尔沃队的南家在东家的 4◇阻击叫之后不叫, 东西打 5◇定约, 吉林队的南家没能首攻出草花, 定约正好完成。

经验总结：

1) 了解对手的叫牌风格是很有用的。可以从以下三方面来了解：

* 历史打牌经验(你自己的或者询问其他对抗过他俩的牌手)。

* 查看他们的桥牌约定卡，尤其是阻击叫章节。

* 队式赛中早期的几副牌。

注意，有一桌的东家开叫了 5◇，给防家施加了最大的压力。在这之后，别人就知道这位牌手很激进。

2) 在成局线上对阻击叫的加倍，表示有一手比开叫的低限牌要好得多的牌，为均型或半均型牌，还要有一些可转换的大牌(指对主打或防守都有利的大牌)。

3) 当同伴在成局线上对阻击叫加倍，同伴的任何叫牌都是希望能打成这个定约。这里拿着北家的牌想要拿到十一墩还是弱了一些。如果同伴确实有足够打成定约的牌力，他很可能会叫上满贯，期望你有更多的大牌。

4) 尽管这不是主流专家意见，我认为，在阻击叫花色上是缺门的时候，通常叫 **4NT** 会比加倍好。所以如果上家在第一家位置上开叫 4♡，双方有局，我拿着这样的牌会加倍：

♠ A Q××   ♡×   ◇ A K×   ♣ K××××

但拿着这样的牌时会叫 **4NT**：

♠ A Q××   ♡—   ◇ A K××   ♣ Q J×××

或者：

♠ A K×   ♡—   ◇ A Q×××   ♣ Q J×××

第 3 章　局况与叫牌

在我看来,这是一个迷人的话题。这个话题从一些很直白的指南开始讲起,我们大多数人之前都听过。不过,当你想要更加深入,你会发现有丰富的选择和路线能让你在桌上取得最大的成功,并且有机会更好地理解对手的叫牌。

我们所知道的事情

当你方有局时,成局和满贯的奖分会更高。同时,当你打宕没有加倍的定约时,无局时每个宕墩 50 分,有局时每个宕墩 100 分。在打 MP 制比赛时,如果对手停在 1NT,你平衡位置应该叫出花色套吗?很难回答,尤其是在我没有给你一副具体的牌或者完整的叫牌进程的时候! 不过,你应该这样思考:

如果对手打成 1NT,你会得-90 分。如果你方无局,宕一是-50 分。但是,如果你被加倍了是-100 分,你的好分会变成坏分。如果对手能得八墩,那就是-120 分,这样你能承受无局方没有被加倍的宕二。但如果你方有局,你是在冒着得-200 分,吃到底分的危险。

我们知道但没去思考的事情

同伴在第一家位置上开叫 3◇,局况有利。对手不叫之后轮到你了,你拿着:

♠K×× 　♡K×× 　◇A××× 　♣×××

你怎么考虑的?

首先你要试着估计一下对手会拿着怎样的牌,他们能完成什么定约。阻击叫的风格是变化的,这一点我在前两章里已经讨论过。但通常来说,无局方时的阻击叫会比有局方时轻一些。在这副牌上,对手有**95%**的可能性会有一门八张以上配合的高花,也有可能是九张黑桃配合,他们能轻易完成一局。你可以叫**5◇**,希望同伴能够将损失控制在宕三**-500**分以内。更好的策略是直接叫**3NT**。假设整手牌是这样:

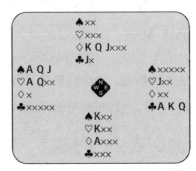

两个防家都无法叫牌。在西家看来你可能拿着:

♠K××× ♡KJ×× ◇A4 ♣AK×

这样东家的牌就是:

♠×××× ♡××× ◇××× ♣Q××

首攻红心的话**3NT**会宕二**-100**分。如果首攻草花,还有可能会宕四。但仍然只是**-200**分对**4♠**打成超一**-650**分。

无局对有局时的其他开叫

我喜欢在这种局况下拥有的更多开叫的自由度。对手开叫之后你方进行建设性的叫牌总是更加困难,因而你方完善的共识和约定叫这时并无用武之地。即使对手能发现他们的牌力占优,他们也更倾向于尝试有局方的局,而不会去惩罚无局方的对手。

硬币的另一面

有局方时的叫牌通常能表示出牌手真实的大牌实力。尤其是有局对无局时,无局的一方会更愿意去惩罚对手获得**+500**分甚至更多。有局时,牌手不太会拿很低限的牌来叫牌,或者在叫牌中胡来。请牢记这一点,在未来的叫牌和打牌决策时,这是一条很有用的指导意见。

重要的一课

在很多情况下,在你第一次有机会开口(比喻叫牌)之前,无局方的对手已经叫了两口了。咋一看你可能会认为:"我是有局方,如果被加倍打宕的话,会输很多分数。"但在这种情况下,尝试并表示出你的牌力是非常重要的,尽管可能要冒一些风险。这里有个例子。你拿着:

♠ K×××　　♡ K Q 10　　♦ Q 10××　　♣ A Q

南北有局,叫牌是这样开始的:

西	北	东	南
1♣	不叫	2♦¹	?

1. 草花支持,邀叫实力。

叫 2NT。(加倍也勉强可以,但不能表示出你有如此多的大牌实力并且是平均牌型。)东家的叫牌表明他可能拿着这样的牌:

♠ ×　　♡ A××　　♦ K××　　♣ K J×××

是的,他可能是这样的牌。但他也有可能是这样的牌:

♠ ×　　♡ ××　　♦ K×××　　♣ K J××××

一些真正的赌徒会拿着后面这手牌时叫出一个更有创意的叫品——可能是 1♡,甚至是 2NT!

不过,重读一下以上章节后,你会意识到对手是这样思考的:

同伴表明了他的牌点,但有局方的对手刚刚在三阶上叫了牌!他可能是凭足够实力叫的牌,而我的同伴很可能是因为局况有利而叫得轻了一些。

不要全然相信对手早期的叫牌,要尽力描述清楚你的牌型和牌力。

61

牌例 20

南北有局,IMP 制,你是南家拿着:

♠ Q J 3　♡ A 9 7 4 3　◇ A K J 7　♣ J

西	北	东	南
2◇[1]	不叫	2♡[2]	?

1. 某一门高花弱二。

2. 不叫或修正。

你叫什么呢?

牌例 21

南北有局,IMP 制,你是南家拿着:

♠ K Q 7　♡ A K Q 5　◇ 9 7 6 3　♣ J 5

西	北	东	南
		1♠	1NT[1]
加倍[2]	2♣[3]	2♠[4]	不叫
不叫	3♡	不叫	?

1. 15~17 点。

2. 惩罚,9 点以上。

3. 草花及另外一套。

4. 弱开叫,不愿意惩罚。

你叫什么呢?

解答-牌例 20

南北有局,IMP 制,你是南家拿着:

♠Q J 3　♡A 9 7 4 3　◇A K J 7　♣J

西	北	东	南
2◇¹	不叫	2♡²	?

1. 某一门高花弱二。

2. 不叫或修正。

你叫什么呢?

现在你被困在一个很熟悉的处境中——对手进行了阻击叫,而你的牌没有一个完美的应对方法。加倍是一个选项。这个叫品是合理的,可以表明有开叫以上的牌力,或者是足够争叫的红心套。不过,如果是前者,同伴会认为你有更好的草花支持。后一个解释更为合理,但同样也有缺陷——你所显示的红心套很有可能正是西家阻击叫的套!

其他两个可能的选项是不叫和 2NT。不叫也许可行,除非西家也不叫。那样的话同伴如果有合适的牌会进行重开叫。叫 2NT 表示大概有 15~18 点,通常是均型牌。同样,你方可能会错失红心配合。

除了这个问题之外,2NT 是我目前为止所推荐的选项。在队式赛中你不能承受有局方的不叫。即使你能防宕对手很多墩,每墩 50 分也不足以弥补有局方成局的分数。

这副牌就发生在 2013 年美国桥牌联合会杯决赛弗莱舍队对尼克尔队的比赛上。整手牌如下:

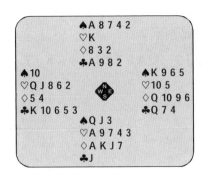

南家在 2♡ 之后不叫,随后两家全不叫! 在另一桌上,弗莱舍队的威伦肯选择争叫 2NT,他和搭档罗森博格叫到并打成了黑桃成局定约,赢了一副大分。

经验总结

1) 你必须要表示出你的牌力! 尤其是局况不利时,否则对手会在你不知不觉中抢走分数。

2) 叫一个有缺陷的叫品没有任何问题。关键是要选择一个缺陷最少的,在绝大多数类似情况下能赢分的叫品。

3) 在选择应对阻击叫的叫品之前,必须要考虑局况因素,包括你方的局况和对手的局况。

4) 在决定是否要在阻击叫之后做平衡叫时,保护同伴是很重要的。我认为第一桌的北家没有在平衡位置上叫 2♠ 是个错误。

解答-牌例 21

南北有局,IMP 制,你是南家拿着:

♠ K Q 7　♡ A K Q 5　♢ 9 7 6 3　♣ J 5

西	北	东	南
		1♠	1NT¹
加倍²	2♣³	2♠⁴	不叫
不叫	3♡	不叫	?

1. 15~17 点。

2. 惩罚,9 点以上。

3. 草花及另外一套。

4. 弱开叫,不愿意惩罚。

你叫什么呢?

这手牌是我在 2012 年维多利亚地区比赛中拿到的。同伴在 1NT 被加倍后逃叫,但现在却在有局的情况下在三阶叫出了新花色!

所有的这些叫牌究竟是怎么一回事呢?看上去东家是低限牌,有 6 张以上黑桃,缺乏防守实力。同伴有些点力但肯定没多少。南家有 15 点,西家有 9 点,东家有 11 点,这样北家最多大概有 5 点。

不过,一个大问题就是,北家是什么牌型?至少是 5-5,很可能会更长。如果他拿着:

♠ ×× 　♡ J ××××　♢ ×　♣ K Q ×××

成局前景就非常好了。这是队式赛,而且你们还是有局方。

此外,能帮助你做出决定的另一个线索是,同伴是在有局方的情况下在三阶叫出了新花色。因此我认为正确的叫品是 4♡,而不是我当时在桌上选择的不叫。

整手牌如下:

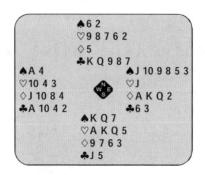

4♡能很轻松地打成。幸运的是这副牌打平了,因为我们的对手也没有叫到这个成局定约。

经 验 总 结

一个有效地帮助决策的方法是看一下同伴 (也可以是对手) 冒了多少风险叫的牌。这里北家在有局方并且没有确定配合的情况下还敢在三阶叫出新花色,就属于这类叫品。

牌例 22

南北有局,IMP 制,你坐南拿着:

♠A954　♡A983　◇J9764　♣—

西	北	东	南
	不叫	不叫	1◇
2♣	2◇¹	3♣	?

1. 5 张以上红心,8 点以上。

你叫什么呢?

牌例 23

东西有局,IMP 制,你坐南拿着:

♠J1096542　♡A6　◇109　♣63

西	北	东	南
不叫	1NT¹	不叫	?

1. 11~14 点。

你叫什么呢?

解答-牌例 22

南北有局,IMP 制,你坐南拿着:

♠A954　♡A983　♢J9764　♣—

西	北	东	南
	不叫	不叫	1♢
2♣	2♢[1]	3♣	?

1. 5 张以上红心,8 点以上。

你叫什么呢?

你怎么看 1♢ 开叫? 有局方时你会这么叫吗? 开叫的优势是巨大的,尤其是对方有局时你更应认真对待。即使是我方有局我也会开叫 1♢ 的。我有三个花色可打,还有两个防守赢墩。现在这副牌我会叫 4♡。简单,你有很好的打成机会。如果对手误判,叫得过高,你能得到很多分数。即使他们判断正确,同伴可能在对方将牌花色上有着你意想不到的牌。你现在要给对手施加巨大的压力。

整手牌如下:

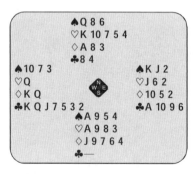

即便我们打宕了这个本可以打成的 4♡,我们还是赢了一个 IMP,因为队友在这个叫牌进程中得了 +130 分:

西	北	东	南
	不叫	不叫	不叫
1♣	不叫！	3♣	不叫

全不叫

北家的牌点不多,套的质量不好,面对不叫过的同伴,决定不介入叫牌,即使是无局对有局的局况。在 3♣ 之后,因为西家的牌没有上限,南家也无法再叫牌。西家很可能拿着这样的牌:

♠K Q 10× ♡K J 10× ◇A K ♣K××

经 验 总 结

1) 不要低估抢先对手开叫所造成的巨大威力。很多情况下他们没法像自己开叫那样顺利地叫牌。

2) 在无局方时轻开叫是正常的举动,有局方时在特定情况下也能这么做,就像上面南家这手牌。对手会想到你可能在无局方时轻开叫,但很少会想到你在有局方时也会这么干。不过,误导同伴的风险也是现实存在的。

3) 另一桌上北家在 1♣ 之后不叫是非常合理的,通常都是最佳叫品。即使无局对有局,为什么要用一门差套来参与竞争,仅仅是为了争夺一个部分定约。你所做的一切只是给了对手惩罚你的机会,同时因为你的 1♡ 争叫提供了额外信息,使得定约更加好打了。

4) 如果有机会,尽量给对手施压,就像南家直接叫出的 4♡。他们经常会猜错,即使他们选择了正确的叫品,对我们有利的分布也能造成一个很好的惩罚。像弗兰诺雷、迷你罗马关键张或者限制性加叫都有着同样的阻击效果。

解答-牌例 23

东西有局,IMP制,你坐南拿着:

♠J 10 9 6 5 4 2　♡A 6　◇10 9　♣6 3

西	北	东	南
不叫	1NT[1]	不叫	?

1. 11~14点。

你叫什么呢?

确实是个惊喜!你的对手有超过一半的大牌点,但到目前为止他们还没有介入叫牌。

你想继续让对手不能叫牌,你有什么想法呢?你可以采取一个中规中矩的行动,转移叫,希望能结束叫牌进程。更为进取的方法是转移,随后加叫,邀叫进局。这样叫通常很管用,但不是这次。你也可以直接叫到局,通过转移或者不通过转移都可以,但这不是我的选项。相反,如果你听到的叫牌是建设性的而不是阻击性的,每个对手都会以为同伴的牌点会少一些。这样你可能会因此买下定约,而且没有被加倍。

整手牌如下(方位已旋转):

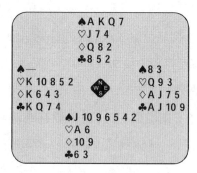

是的,事实上对手能完成六红心——尽管他们不至于真的叫到!对抗我们的队伍,坐南家的牌手叫了2♣,我觉得他是想要停在2♠上。不管这个叫品在他们

的体系里是什么意思,他都能轻易地掌控叫牌进程,但更重要的是能掩盖他的牌型。在北家 2♠ 答叫之后,南家叫了邀请性的 3♠,结束了叫牌进程。东西得到 +50 分,这对于我们队的东西方没能介入叫牌而损失的 10IMP 来说只是微不足道的安慰而已!

经验总结

1) 有很多干扰对手叫牌和后续叫牌的方法。这副牌转移叫(对弱无将来说并不是最好的方法)会被西家加倍,使对手能够叫到铁的 4♡ 定约。南家是加拿大专家级牌手作家罗伊·休斯。

2) 这副牌西家应该开叫,尤其是在这种局况下。在一阶就介入叫牌进程总比在三阶上才开始叫牌好些。正如你所见,无局方的对手会尝试捉弄你,叫得要比有局方时轻些。

3) 拿这手牌的另一个选项是叫 4♠。讽刺的是,除了能够占据更多叫牌空间,这个叫品是一个更容易被选择的叫品。为什么呢? 斯台曼叫品暗示了一门或两门四张高花,不是极端牌型,没有上限。你可能介入了叫牌,却发现对手本来也打不成什么定约,而你却陷入了困境。但在 4♠ 之后,我总是会拿西家的牌平衡叫 4NT,我知道南北方有一门很好的配合但意味着我们也是这样,而且在这种情况下,南家更有可能拿着很少的大牌点。

4) 在我看来西家应该开叫,否则再介入叫牌就会很危险。另外,对手也会因为不能开叫而陷入被动。

牌例 24

南北有局，IMP 制，你坐南拿着：

♠ K J 5   ♡ 3 2   ◇ A 7 6 5 4   ♣ J 5 3

西	北	东	南
		1NT[1]	不叫
不叫	2◇[2]	不叫	2♡
3♣	3♡	不叫	？

1. 15~17 点。

2. 红心套，如果是强牌可能还有第二门长套(2♡是表示双高花)。

你叫什么呢？

牌例 25

南北有局，MP 制，你坐南拿着：

♠ Q 10   ♡ J 9   ◇ Q 9 7 5 3   ♣ A Q 4 2

西	北	东	南
1♠	2♣	不叫	？

你的计划是什么呢？

解答-牌例24

南北有局,IMP制,你坐南拿着:

♠K J 5　♡3 2　♢A 7 6 5 4　♣J 5 3

西	北	东	南
		1NT[1]	不叫
不叫	2♢[2]	不叫	2♡
3♣	3♡	不叫	?

1. 15~17点。

2. 红心套,如果是强牌可能还有第二门长套(2♡是表示双高花)。

你叫什么呢?

这副牌你有很多信息,足以做出正确的决定。首先,我们知道同伴拿着好牌,一门好的六张以上的红心套。为什么呢?因为他在对方强无将开叫,己方有局而对方无局时叫了3♡。

如果读者们注意到,你们会发现上面这句话少了两个单词。我会重新组织一下语句,将新加的单词用其他字体表示出来:

首先,我们知道同伴拿着非常好的牌,一门非常好的六张以上的红心套。为什么呢?因为他在对方强无将开叫,己方有局而对方无局时叫了3♡。除非他是在自杀,他应该有很好的机会能独自拿到八墩到九墩。没什么要飞牌的。他可能有也可能没有第二门花色。

看着,我们有两张红心,很好(很多时候没有这么多)但也可能无关紧要。我们拿着KJ×躲在无将开叫人的后面——太棒了!我们还有一个额外的J,并且还有一个A!

是的,我们有太多足够叫进局的牌力了,而并不仅仅是接近进局。整手牌如下:

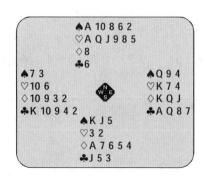

经 验 总 结

1) 根据每一副牌的特定情况和叫牌来试着构建同伴的持牌是非常有必要的。

2) 有些时候对手破坏了你的计划,你不得不通过"猴子扳手"(这个词语是从哪里来的呢?)想出一些变通方法来应对。这个例子中北家本来根据约定计划在2♡后面叫2♠的。不过,西家的3♣打乱了一切。他现在只能选择3♡或者3♠,而后者是逼叫到局的。

解答-牌例 25

南北有局,**MP** 制,你坐南拿着:

♠Q 10　♡J 9　◇Q 9 7 5 3　♣A Q 4 2

西	北	东	南
1♠	2♣	不叫	?

你的计划是什么呢?

同伴争叫二阶低花后的建设性叫牌是一门艺术,这里有一些值得学习的指南:

1. 首先,简单加叫是竞争性的,当上家叫牌时,未必是邀请性的。让同伴知道你有配合是非常重要的,以利于:

   * 可能的牺牲叫,

   * 做防守时指示首攻。

2. 如果上家没有干扰的话,直接加叫通常带有些建设性的意味,但也不是邀叫。一个例外是你方有局而对方无局的时候。现在你需要一手好的,有建设性的牌来加叫低花,因为有被加倍的可能性,尤其是在双人赛时,-200 分通常都是得不了多少比赛分的。

3. 接下来要学习的是, 没有不叫过的牌手叫出新花色是非常有建设性的。实际上我打的是逼叫一轮。而不叫过的牌手叫出新花色的意思就不太一样了。这是在暗示对同伴的争叫花色有支持,仍然是建设性的。

4. 扣叫表示有邀叫及以上的牌力,要求同伴描述他的牌。争叫人要优先表示出他的黑桃挡张。

5. 最后,2NT 是进局邀叫,强烈暗示有配合。如果配合不太好的话,那就需要更多的大牌点才能邀叫无将成局。

现在我们知道了不同叫品的含义,我们就可做出选择了。我们有非常好的支持,一门五张套,有些人拿着这手牌还会开叫。在我看来3♣是正确的叫品,2♢是第二接近的选择。你草花以外的牌点都是软点。没有短套,所以实在不能考虑打五阶低花,除非同伴有额外牌力。

这副牌来自最近的一次复式比赛,同伴的牌是:

♠ K 5 3   ♡ Q   ♢ A 4 2   ♣ K J 10 9 7 6

实际上南家叫了 **2♠**,然后将 **2NT** 加到了 **3NT**。对手拿了五墩红心和一墩黑桃,对南北来说-200 是个很差的分数。

经 验 总 结

1) 二阶争叫通常表示有六张套,开叫实力,但偶尔也会较轻一些,尤其是同伴之前不叫过。

2) A 和 K 对你估算成局机会来说特别重要,包括 3NT 和五阶低花。

3) 我倾向于没有不叫过的应叫人(争叫人的同伴)叫出新花色是逼叫一轮,当他不叫过时是建设性的,表示至少能接受争叫人的花色。

4) 除非同伴被加倍,否则不要解救他。记住,如果你直接叫出一门新花色至少是建设性的,而且会推动叫牌继续进行。

5) 如果上家没有在 2♣ 之后叫牌,很多专家约定加叫可以是很少点力,比如:

♠ × × × ×   ♡ K × × ×   ♢ × ×   ♣ K × ×

因为争叫人有一手很好的牌。正如其他章节讨论过的,这是一个礼节性加叫,确保争叫不会被全部放过,以致错失好局。如果拿着:

♠ × × × ×   ♡ K × × ×   ♢ A ×   ♣ K × ×

南家应该用扣叫表示牌力。

牌例 26

南北有局,IMP 制,你坐南拿着:

♠A854　♡J6　♢Q10987　♣Q2

西	北	东	南
不叫	1♡	3♡[1]	？

1. 询问止张,通常是表示有一门坚固长套。

你叫什么呢?(你加倍是表示牌力,通常有 10 个大牌点以上。)

牌例 27

南北有局,IMP 制,你坐南拿着:

♠102　♡A5　♢AKQJ94　♣K75

西	北	东	南
1NT[1]	不叫	3♡[2]	？

1. 10~12 点。

2. 自然叫,邀请。

你叫什么呢?

解答-牌例 26

南北有局，IMP 制，你坐南拿着：

♠A 8 5 4　♡J 6　◇Q 10 9 8 7　♣Q 2

西	北	东	南
不叫	1♡	3♡[1]	？

1. 询问止张，通常是表示有一门坚固长套。

你叫什么呢？（你加倍是表示牌力，通常有 10 个大牌点以上。）

假设，东家的长套是草花。因为他的叫品通常是表示有一门坚固长套，你的 Q× 意味着他可能拿着八张长套。你有些牌力，还有另外两套花色，红心有一些支持。但整手牌还是很差。现在你有两个选择：

1. 加倍表示牌力。

2. 不叫，静观其变。

如果你选择后者，是不是更好呢？你在 3NT 或者 4♣（否认有红心挡张）后叫什么呢？不管哪一种都很简单——不叫是唯一合乎逻辑而明智的选项。

你是否应该考虑局况呢？是的！

你方有局，你们有大部分的大牌点。你必须告诉同伴你的牌力，否则你方会很容易错失有局方的局。在我看来加倍无疑是最佳叫品。整手牌如下：

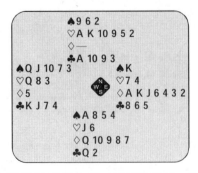

惊喜，真是惊喜！东家的长套是方块，而不是草花。叫牌会如何继续呢？很好

的问题。西家,作为一位好搭档,会叫 3NT。北家呢? 他可能会加倍。东家会逃到 4♢,希望你不会加倍一个部分定约。哈哈,可惜这都是徒劳。你会打宕 4♢ 五墩,得到+1100 分!

实际上南家,在美国桥牌联合会锦标赛上,先不叫,在西家 3NT 后还是不叫。防守不是很好,他们仅打宕 3NT 两墩,得+100 分。

另一桌上发生了什么呢?

西	北	东	南
不叫	1♡	2♢	不叫 [1]
2♠	不叫	3♢	加倍
全不叫			

1. 在这桌上,埃里克·罗德威尔本来就想要将同伴重开叫的加倍转为对 2♢ 的惩罚,现在很高兴能够加倍 3♢。南北方强悍的防守使这个加倍定约宕四得到+800 分。

经验总结

1) 你必须要表示出你的牌力,尤其是在有局方时。是的,你是一手低限牌,叫牌可能导致一个很差的结果。不过,不叫则会更糟——等于基本上放弃了这副牌,将 IMP 拱手相让于对手。

2) 东家利用了局况的优势, 通过一个不那么合格的叫牌给对手施加了很大压力。他的做法对两位世界级牌手起到了作用。

3) 在三阶或更高阶数上时,加倍倾向于表示整手牌的实力,而不是对未叫高花或者其他花色的支持。尤其是这手牌,在类似 3♡ 这种约定叫的时候。

4) 在另一桌上,西家在 2♢ 之后很难做出选择,他有些牌力,但对同伴并没有配合。我认为正确的叫品是不叫。为什么呢? 因为你坐西家,之前不叫过,东西方局况有利,对东家来说是在二阶做轻争叫的最佳时机。

解答-牌例 27

南北有局,**IMP** 制,你坐南拿着:

♠10 2　♡A 5　◇A K Q J 9 4　♣K 7 5

西	北	东	南
1NT[1]	不叫	3♡[2]	?

1. 10~12 点。

2. 自然叫,邀请。

你叫什么呢?

这又是一个艰难的决定。对手已经叫到了三阶,看来他们有着几乎所有剩下的大牌点。不过,如果他们中间有一个是轻叫牌的话,同伴就可能还会有些点力。

选项是不叫和 **3NT**。不叫是保守的行动。你希望同伴什么大牌都没有,然后打宕对方的成局定约,如果他们叫上去的话。

如果你叫 **3NT**,你希望要么能拿到九墩牌,要么对手不能加倍你。在叫牌之前,你还得决定如果对手加倍 3NT,你要不要改到 4◇。因为,如果同伴没牌点,**3NT** 被加倍你方很容易会得到-500 分,即使是无局方。

没有安全的行动。你叫或不叫。唯一的其他要素就是你当前比赛的状态,以及你对对手风格的了解。整手牌如下:

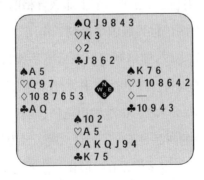

在我这桌,南家不叫,在西家叫出 4♡ 之后还是不叫。南家首攻黑桃之后,庄家想办法将吃掉他所有的输墩,最后得到了十一墩! 在另一桌上,西家开叫 1◇,北家叫 2♠,南家用 3NT 结束了叫牌。当西家首攻方块后定约打成。有趣的是,首攻红桃都能打宕这两个成局定约,而西家和南家正常的方块首攻却让两个定约都能打成! 两个局的大输赢价值 14IMP,这是我们淘汰赛半决赛中起决定性作用的一副牌。

经验总结

1) 想要"安全"地叫牌或者即使冒着叫牌后被惩罚的风险也要表示出你的牌力,这两者同样危险。

2) 东家的位置绝佳,能够让南家很不舒服,因为他从叫牌中知道南家肯定有很多大牌。

3) 你要一如既往地思考你的决定,但你叫牌越积极,被对手加倍的可能性也就越大。

牌例 28

双方有局,MP 制,你坐南拿着:

♠A K 10　♡5 4 2　◇8 5 4　♣Q 9 6 2

西	北	东	南
	1◇	不叫	1NT
2♡	不叫	不叫	?

你叫什么呢?

牌例 29

东西有局,IMP 制,你坐南拿着:

♠K Q 7 4　♡J 6 3 2　◇K 6　♣J 8 3

西	北	东	南
不叫	1NT¹	2♠	加倍²
不叫	3♡	3♠	?

1. 11~14 点。

2. 否定性的,7~11 个大牌点。

你叫什么呢?

解答-牌例 28

双方有局,MP 制,你坐南拿着:

♠A K 10   ♡5 4 2   ◇8 5 4   ♣Q 9 6 2

西	北	东	南
	1◇	不叫	1NT
2♡	不叫	不叫	?

你叫什么呢?

在 MP 制比赛里,你要勇敢竞叫。这副牌就是这样。同伴在第一家位置上开叫,你有 9 点,这副牌属于你们。一个通常的道理是,当你知道你方联手在大牌点上占优时,你不应该在二阶保守地出卖定约。尤其是在对方无局时,每个宕墩只有 **50 分**。你必须打宕对手定约三墩以上,得分才能超过已方完成二阶高花或者三阶低花所得的+110 分。

现在有两个选项:

1. 3◇。竞叫性的,可以只有 5~9 点。

2. 加倍。表示是 1NT 应叫的高限牌,你不清楚最后会打什么定约。建议同伴可以不叫,将你的示强加倍转为惩罚性。

尽管比高限少了一个大牌点,加倍无疑是最佳叫品。你有 ♠AK 这样很好的大牌结构。另外你是 4-3-3-3 牌型,对主打定约来说并不好。同伴,已经不叫过了,要么是均型牌,要么就是有红心套。你希望同伴能够不叫,将你的示强加倍转为惩罚性,你们会打宕对手一墩而得到魔幻般的+200 分。这一次,事情就是这么发展的。整手牌如下:

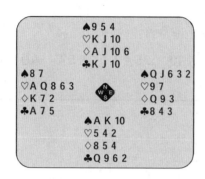

  实际上，这副牌你总能得到+500分，打出最佳防守就能净得+800分。这副牌出现在本地的一次双人赛上，南家保守地不叫，只得到了可怜的+100分。

经 验 总 结

1) 南家在限制性 **1NT** 应叫之后的加倍,表示高限牌。不过,当应叫没有限制的时候,比如一阶花色,加倍的含义就变了。通常表示有 **10** 个大牌点以上,而且是不错的均型牌。也就是说假如南家不是叫 **1NT**,而是应叫 **1♠**,随后西家叫出 **2♡**,两家不叫后轮到南家,他能够用类似这样的牌加倍:

$$♠ A××× \qquad ♡×× \qquad ♢ A Q× \qquad ♣ Q×××$$

加倍(最佳叫品,同伴仍然可以在有四张红心时转为惩罚性)或者拿着这样的牌扣叫 **3♡**(进局逼叫):

$$♠ A Q××× \qquad ♡×× \qquad ♢ Q×× \qquad ♣ A Q×$$

或者做一个不逼叫的叫品(少于 **10** 个大牌点)。拿着这样的牌叫 **2♠**:

$$♠ A Q J×× \qquad ♡×× \qquad ♢ ×× \qquad ♣ Q×××$$

拿着这样的牌叫 **3♣**:

$$♠ A×××× \qquad ♡× \qquad ♢ ×× \qquad ♣ Q J×××$$

拿着这样的牌叫 **3♢**:

$$♠ K××× \qquad ♡× \qquad ♢ K××× \qquad ♣ Q×××$$

2) 识别这样的叫牌进程很重要,有的对手拿着好牌时肯定会叫牌,就像这副牌中的西家,但他绝对是冒着被对手惩罚的风险。

3) 除非是失配,当你拿着有平衡实力的均型牌却放过了对手的二阶叫品,在 MP 制比赛里肯定是一种失败的策略。一个例外是当对方有局时,你希望能打宕对手至少两墩,每墩 **100** 分,如果你加倍的话同伴可能会继续叫牌。

解答-牌例 29

东西有局,IMP 制,你坐南拿着:

♠ K Q 7 4　♡ J 6 3 2　◇ K 6　♣ J 8 3

西	北	东	南
不叫	1NT[1]	2♠	加倍[2]
不叫	3♡	3♠	?

1. 11~14 点。

2. 否定性的,7~11 个大牌点。

你叫什么呢?

看上去有三个合理的选项:

1. 不叫。

2. 4♡。

3. 加倍。

加叫 4♡ 似乎是最不吸引人的。你的黑桃大牌对主打没有多大用处,你知道西家在这门花色上最多单张,防守会从 ♠A 开始,然后黑桃将吃。

加倍是挺吸引人的。对方有局,你有四张黑桃,这门花色上有两个确定的赢墩。但加倍也有个缺陷。很明显的一个问题是如果他们能打成,那么就是-730 分。不过你有两个将牌赢墩,还有其他一些对防守很有用的牌。

事实上你要考虑,东家在有局的情况下,已经知道了很多南北方的大牌信息,仍然叫了 3♠。这些线索暗示你应该保守地不叫。在最近的全国锦标赛上,南家,一位非常优秀、经验丰富的牌手,叫了加倍。他对-730 的结果很不高兴。整手牌如下:

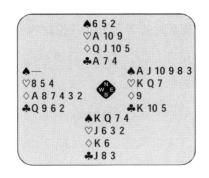

经 验 总 结

1) 南家主要是因为他手里有♠KQ××而加的倍。他并未意识到东家知道自己缺♠KQ,但还是叫了3♠! 很明显东家有其他额外的牌力来支撑他的第二次叫牌。

2) 另一件本来能让南家避免加倍的事情是,东西方是在局况不利的情况下争叫了两次。

3) 在其他选项中,不叫是显而易见的。面对3♠你们很有机会能得到+100 分,你的大多数牌点都是防守性的,并不能帮助主打。不过,3♠能打成的微小机会也足以让我在这样的叫牌进程中避开加倍。东家知道同伴并没有多少有用的牌,上家有 11~14 点,下家有 7~11 点;他还知道自己缺♠KQ。尽管如此,他还是在自己单方有局时叫了 3♠! 因此加倍是很不明智的。而面对4♡,防家可以在首攻方块时拿走前七墩! 那可是-800 分啊!

4) 记住,否定性加倍会迫使同伴叫牌,他可能并没有拿到你想象中那么理想的牌。

5) 让我们对调一下高花,假设叫牌进程是这样的:

西	北	东	南
不叫	1♢	1♡	1♠
不叫	2♠	3♡	?

87

南家的加倍应该是惩罚性的(有些搭档用作有邀叫牌力的进局试探)。如果他和西家不叫,北家加倍就是不同的含义了:"我想竞叫到3♠。不过,如果你想不叫或者惩罚,我有额外的(防守)实力。"

第4章 配合与失配

我们都知道一手绝配的牌可以取得很多赢墩。比较一下这两手牌：

牌1：

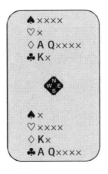

牌2：

在正常分布下，牌1可以在任意低花上拿到十一墩，如果对手未能及时兑现赢墩，还有可能拿到十二墩。牌2我交换了高花和低花的 K。现在如果打草花或者方块定约，首攻将牌之后，如果所有关键大牌的位置都不利的话，你只能拿到五墩牌！

当然,如果有好的将牌配合就会产生巨大的威力。这里有一些可帮助你判断在有配合和失配时该叫什么的实用小贴士:

配 合

1. 当一方有一个花色套的好配合时,通常另一方也会有其他花色套的好配合。

2. 注意那些有好的配合,但大牌在短套上的牌。甚至 **A** 的位置不同都会产生巨大的差异。

♠ A K××××   ♡×   ◇ Q×××   ♣××

在主打方面比下面这手牌好得太多了:

♠ K×××××   ♡A   ◇ Q×××   ♣××

后一手牌在主打时能拿到的墩数少多了,但你的防守潜力却要好得多。

3. 双方都有两门花色配合时情况就很复杂了。当你认为你方拿着均衡牌力时,你要想办法让同伴知道你的第二门花色,这样他就能更精准地判断双方的得墩潜力。

4. 一手将牌配合一般的牌与另一手将牌绝配的牌有着巨大的差异。

八 张 配 合

八张配合通常被认为是可打花色的最低要求。

看看这门红心套:

♡ A K××

♡ Q J××

这样的套通常能算作五个赢墩,三墩来自调将,还有两墩将吃。正常情况下将牌是 3-2 分布的。不过,将牌 4-1 分布的发生概率也将近有 **30%**。这种情况会把你方的将牌赢墩数限制在四个,还可能会让你将牌失控。

当你拿着♡K10××对♡QJ××时,情况会更糟。防家经常会在前两轮调将时忍让♡A,这样就能大大限制庄家的选择机会。

九 张 配 合

有九张配合时,外面的将牌是 **2-2** 或 **3-1** 分布的总概率为 **98%**。对比以下将牌的持牌:

恶劣分布对于第二手牌的影响更小, 庄家不太容易会受到特定防守路线的影响。比如:

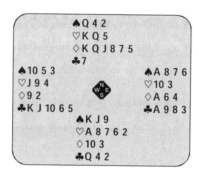

在首攻小红心后,好的防守总是能打宕 4♡ 的。但若是将♠2 换成♡4:

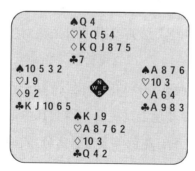

现在 4♡ 就是铁的了。

十张和十一张配合

这些超长的将牌配合,比如 **5-5,6-4,6-5** 等等,能够确保庄家拿到很多来回将吃的赢墩。还经常能给庄家提供足够的进手用来树立明手的长套。看看这门边花的持牌:

如果对手的黑桃是 **4-4** 分布,而且有足够进手的话,你就可以树立起这门长套。潜在的极佳配合很适合去做出这种"慢速赢墩"。

众所周知,真理对敌我双方都是通用的。尽管我方拥有很富裕的大牌点,对手还是能够依靠十一张配合,合适的短套来弥补大牌点的悬殊差距,即使赢不了全部,也能取得大量赢墩。

这就是为什么有很多牌例,那些专家牌手在明显有绝佳配合时会多叫一些的原因。重要的推论就是,经常向对手(包括同伴)隐藏绝配的优势,这样对手就会放过你方的低阶定约。

失配

出现失配时会有很多信号。发现线索,并小心应对。这些信号会随着叫牌进程陆续释放出来。

* 对手做了阻击叫,而其搭档却保持沉默。结论就是那位没有进行加深阻击的对手在其同伴花色上是短套, 因此其牌张长度都在其他三门花色上。这也就意味着所有花色都会是恶劣分布,而对手通常都会有将吃得墩的能力。很多时候,当这种情况出现时,最好就是主打无将定约。没有将吃的话,防家之间的联通就会很差,而技巧高超的庄家就能够充分利用这些信息。

* 技术性加倍也是一种失配信号。它表明了花色长度和牌力。如果加倍是开叫人下家直接叫出的,这就预示着大牌位置及牌张分布是极其不利的,尤其是在开叫人的第二门(或第三门)长套上。

* 对手经常会利用局况有利这个因素,尤其是 **MP** 制比赛里,用比正常情况更轻的牌力加入叫牌。在这种情况下如果对手保持沉默,通常意味着他们在你或者你的同伴叫过的花色上有长度。

* 正如前面提到过的,在找到一门花色配合之后,在竞叫叫牌进程中介绍你的第二个花色套通常是非常明智的。这是一种评估两手牌配合程度的方法,能够帮助决定你们要叫到多高。

牌例 30

东西有局,队式赛,你坐南拿着:

♠K 3　♡10 4　♢A J 9 8 7 3 2　♣A 6

西	北	东	南
			1♢
1♡	1NT	不叫	?

你叫什么呢?

牌例 31

双方无局,IMP 制,你坐南拿着:

♠A K J 10 9 2　♡8 4　♢J 9 8 5　♣8

西	北	东	南
不叫	1♡	不叫	1♠
不叫	2♢	不叫	?

你叫什么呢?

解答–例30

东西有局,队式赛,你坐南拿着:

♠ K 3   ♡ 10 4   ◇ A J 9 8 7 3 2   ♣ A 6

西	北	东	南
			1◇
1♡	1NT	不叫	?

你叫什么呢?

现在不是数你有多少大牌点的时候,而应该要计算赢墩。同伴有 8~10 点和红心挡张。他在低花上会有些长度,因为他不会有四张黑桃(未做否定性加倍)。如果他有一个方块大牌,你就有很大机会至少能拿到九墩。实际上有两个好的叫品可供选择:

1. 3NT。

2. 3◇。

3NT 是一个很好的实用叫品。根据我前面所罗列的信息,我觉得打成 3NT 的概率至少有 65%。

3◇ 是一个科学的叫品,可在和你信任的同伴搭档时使用。这个叫牌进程的含义是非常明确的:

> 我有兴趣进局(通常是 3NT)但我不想直接叫,而是想先听听你的意见。我有很好的长方块套。如果你有一个方块大牌或者两个红心止张,请叫 3NT。

是的,已经非常明确了。你不想对着这样的牌叫 3NT:

♠ ×××   ♡ K×××   ◇ ××   ♣ K Q××

不过,当同伴拿这样的牌时你想打 3NT:

♠ Q×× ♡ Q J× ◇ K×× ♣ Q×××

♠ J×× ♡ A Q× ◇ ××× ♣ Q×××

♠ J×× ♡ A Q×× ◇ Q× ♣ J×××

整手牌如下:

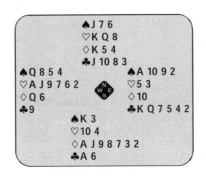

经验总结

1) 叫品的含义不是一成不变的,要根据实际情况做具体分析。这里 3◇ 的含义因同伴已经清晰地描述了他的牌而变得非常明确。另一种常见的叫牌进程是这样的:

西	北	东	南
			1◇
加倍	不叫	**1NT**	**3◇**

对 **1NT** 加倍是表明牌力,所以跳叫原花色可以用来表示是低限牌,有一门很好的长套。比如:

♠× ♡××× ◇AQJ8732 ♣A6

2) 北家的牌很接近叫 2NT 邀请,有确定的牌力。另一方面,红心上的牌力和 ♡AK× 一样有效,如果是那样的牌,北家就会有 12 个大牌点。很明显 ◇K 也是非常有用的。

3) 在桌上的话,我不会拿着东家的牌不叫,面对开叫过的同伴,我有很好的大牌实力,还有一门好的六张套,也能承受红心为将牌,另外还有将吃价值,我会在 1NT 之后叫 2♣。

解答-牌例 31

双方无局,IMP 制,你坐南拿着:

♠ A K J 10 9 2　♡ 8 4　◇ J 9 8 5　♣ 8

西	北	东	南
不叫	1♡	不叫	1♠
不叫	2◇	不叫	?

你叫什么呢?

这手牌你不仅要解决花色选择问题，还要评估你整手牌的价值。这是一手不逼叫,邀叫还是逼叫到局的牌呢? 哪门花色是属于你们的呢?

首先说说花色。主打较长的更坚固的那门花色总是要比一般的 4-4 配合的花色更好。这一点和我们初学桥牌时,要寻找 4-4 配合的理念相矛盾。4-4 配合花色的问题在于,当外面的将牌分布稍有不好时,或者遇到对手逼迫将吃的防守时,就会导致庄家和明手失去联通从而造成很大的麻烦。

所以黑桃就是应该选择的花色。注意这个结论在即使你方的 4-4 配合是另一门高花时也同样适用。黑桃定约即使是面对明手缺门都可打!

那该叫多高呢?当然是成局了!理由是你的边花长度正对着同伴的长度,所以你们联手的牌张是紧密地配合在一起的。因此你要直接叫到 4♠。

这手牌取自 2014 年加拿大队式锦标赛的循环赛阶段。整手牌如下:

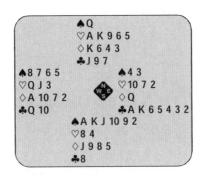

双明手的话，4♠ 在首攻 ◇A 和方块续攻，接着低引草花时会被打宕。但这样的防守路线在实战中是不太可能出现的。是的，桌上的其他三人对于东家一直没有选择叫出草花都非常惊讶，但这就是事实。

实际上我接到的是 ♣Q 首攻。我将吃了第二轮草花，出一张方块到明手的 ◇K。然后清光将牌，用中间张创造出第二个方块赢墩（即我的第十个赢墩）。同时，请注意 5◇ 会宕二。

经验总结

1) 长的，中间张坚固的花色做将牌总是比一般的 4-4 配合要好得多。上周我拿到了这么一手牌：

♠10 5 2　　♡4 3　　◇K Q 10 9 8 4 3　　♣2

我对同伴的 1♠ 开叫应叫 2♠，但是当对手用 3♣ 做平衡叫之后，我用 3◇ 回到叫牌进程中。所有人都不叫，尽管同伴是单张方块，3◇ 仍然是最佳定约，因为同伴的黑桃套是 J8743。

2) 当你的长套对上同伴的已知长套时，牌张的价值应该升级，即使不是将牌花色。

3) 一门中间张坚固的花色，即使不是将牌花色，也应该作为牌张价值估算的要素。AJ109 要比 AJ43 好得多。

牌例 32

双方有局,MP 制,你坐南拿着:

♠K8 ♡K107532 ◇AKQ72 ♣—

西	北	东	南
不叫	不叫	1♠	2♡
不叫	不叫	3♣	3◇
不叫	不叫	3♠	?

你叫什么呢?

牌例 33

南北有局,IMP 制,你坐南拿着:

♠K854 ♡AK74 ◇KQ32 ♣J

西	北	东	南
1♣	不叫	1♡	加倍
不叫	1♠	2♣	?

你叫什么呢?

解答-牌例 32

双方有局, MP 制, 你坐南拿着:

♠K 8　♡K 10 7 5 3 2　◇A K Q 7 2　♣—

西	北	东	南
不叫	不叫	1♠	2♡
不叫	不叫	3♣	3◇
不叫	不叫	3♠	?

你叫什么呢?

早期的竞叫已经结束, 但东家依然不放弃。怎么办呢? 你已经告诉同伴你有很强的主打牌力, 红花色至少是 5-5 的。但你并未表示出有如此多的大牌, 因为就算你没有 ♠K 也是像现在这么叫的。最佳叫品是加倍。加倍告诉同伴你除了主打牌力还有些防守牌力, 这样就给了同伴选择的机会, 在他有黑花色长度和牌力时就可将你的加倍转为惩罚性。如果你加倍, 后面三家都不叫了。整手牌如下:

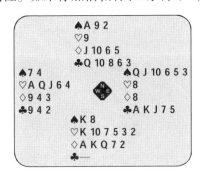

东家略微打错了顺序, 结果定约宕三得-800 分。在首攻方块和续出方块的防守之下, 南家主打方块定约只能拿到九墩到十墩。

经验总结

1) 先叫两次随后加倍表示有一手更有兴趣主打的牌（更多内容参见我的第二本书,《分界线》)。

2) 北家做了很好的不叫。他有很好的方块,但与同伴第一门花色的失配是阻止他继续叫牌的主要原因。不过,如果北家有第五张方块,他就有信心主打方块定约,即使没有满贯至少也能打成局。

解答–牌例 33

南北有局,IMP 制,你坐南拿着:

♠K854　♡AK74　◇KQ32　♣J

西	北	东	南
1♣	不叫	1♡	加倍
不叫	1♠	2♣	?

你叫什么呢?

这又是一个不考虑局况牌手就做出相应叫牌的例子。是的,南家有很好的 15 点牌,还有个单张。不过 4-4-4-1 牌型的价值通常会被高估,而主打结果则相对较差。

虽然叫 3♠ 看上去符合实力,但仍然会宕,得-500 分。尽管同伴拿着四张黑桃 (他可能是 3-2-3-5 牌型,开叫人可能是 4-3-3-3)和一个 A!

加叫 2♠ 已经足够。面对同伴可能的 0 点,自由加叫 2♠,有局对无局,已经表示出一手非常好的牌,大概是强无将的点力范围。西家可能会用 3♣ 做竞叫。如果北家的牌稍好一些,他会竞叫 3♠,那现在你就能加叫到 4♠。整手牌如下:

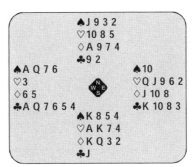

红心首攻到♡9 和♡A,随后庄家尝试出小黑桃到♠9。在这之后他无法避免再输三墩将牌,以及一墩草花和一墩红心,3♠ 被加倍宕二得-500 分。

经验总结

1) 同伴在局况不利时的叫牌表示出极强的实力。这副牌加叫 2♠ 所表明的实力符合南家现在实际的持牌情况。

2) 在北家叫出 1♠ 之后，如果对手叫得太高的话西家应该考虑惩罚他们。哪一阶才算高呢？这里三阶听上去是正确的。如果南家叫 2♠ 而不是 3♠，现在西家就面临一个很有趣的选择。他可以加叫 3♣，希望对手继续竞叫 3♠，随后对之加倍。另一种选择是叫 3NT！♠K 位置有利，这会给你第八墩——也许同伴的牌会产生出第九墩。但第二种选择在这副牌上的结果肯定不会好。

牌例 34

双方有局,你坐南拿着:

♠5　♡K 4 2　◇A 5 3　♣K 10 9 8 4 2

西	北	东	南
1♠	不叫	2◇¹	不叫
2♡²	3♣(!)	加倍³	？

1. 5张以上方块,10~14点。

2. 约定叫,进局逼叫。

3. 惩罚。

你叫什么呢?

牌例 35

双方有局,MP制,你坐南拿着:

♠A 9 7 4 3　♡A Q 7 6 4　◇Q 5　♣2

西	北	东	南
			1♠
加倍	2♣	2◇	？

你叫什么呢?

解答-牌例 34

双方有局,你坐南拿着:

♠5　♡K 4 2　◇A 5 3　♣K 10 9 8 4 2

西	北	东	南
1♠	不叫	2◇¹	不叫
2♡²	3♣(!)	加倍³	?

1. 5 张以上方块,10~14 点。

2. 约定叫,进局逼叫。

3. 惩罚。

你叫什么呢?

这是一个很奇怪的局面,但有一些原则值得学习。奇怪都不足以描述这种局面。东家有开叫牌力,西家足够逼叫进局,你也拿着几乎能开叫的牌,而同伴却在这时候从三阶上进入到这个对手逼叫进局的叫牌进程之中,叫的还是你的六张套!

为了终结疯狂,东家惩罚性加倍 3♣ 不,你没在做梦(我认为),你也不是爱丽丝梦游仙境里的客串明星。为了使这牌看上去更为合理,东家可能更接近 10 点而不是 14 点。同样的,西家也是低限牌。在对手开始逼叫进局的叫牌进程之后,同伴的叫牌强烈建议了首攻指示或者是潜在的牺牲。

另一种让北家在对手叫牌进程中插足的可能性也许发生在了这副牌上——东家忘了搭档间的约定叫。

最佳行动是平静地不叫。如果你犹豫不决,西家就会意识到事情有些不太对劲,就有可能从加倍中逃叫。西家怎么知道他的同伴没有你的这一大把草花呢?

这副牌实际上出现在 2013 年菲尼克斯北美桥牌锦标赛的第一轮淘汰赛上。我当时坐北,整手牌如下:

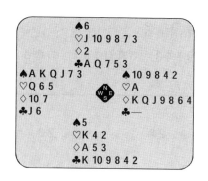

我叫出 3♣ 想要指示首攻。南家在加倍后平静地不叫,但西家叫出的 4♠ 打乱了我们的计划,而东家加叫到 6♠。坏消息是我首攻了 ♣A,他们打成了。好消息是这副牌是对手仅有的收获,我们轻松赢得了那场比赛。

经验总结

1) 在对手逼叫进局的叫牌进程中的插叫最好约定为指示首攻或者建议牺牲。

2) 如果对手叫了一个你觉得他们可能搞错了的叫品,要平静地不叫!如果没有提示,不要询问他们,也不要用其他非语言的交流表现出来。

3) 你能够利用对手做的任何表情或者非语言信号,但自负后果。(必须说的是,对手不能故意用这些来误导你。)举个例子,如果你有一个双向飞将牌 Q 的机会:

当你打 ♠J 时,西家不能故意停顿迟疑,然后出小牌。这样做是违规的。

4) 如果对手加倍一个你觉得轻松能打成的定约,不叫!不要做惩罚性再加倍,除非你并不介意去防守对手叫出的花色定约。

解答-牌例 35

双方有局,MP 制,你坐南拿着:

♠A9743　♡AQ764　◇Q5　♣2

西	北	东	南
			1♠
加倍	2♣	2◇	?

你叫什么呢?

你可能要尝试叫出你的五张红心好套,但千万不要。唯一正确的叫品是不叫!因为如果你审视一下叫牌进程,你就会发现理由其实非常简单。同伴否认有三张黑桃,并且在你的单张花色上有长套。牌点看上去是平均分布的,但你并不应叫出一个四张套躲在你后边的花色。另外,你是有局方,在 MP 制比赛里经常会招致对手加倍。最后一个推理很多牌手都会忽视。同伴和西家的黑桃都短——那谁有长黑桃呢?毫无疑问是东家! 让对手打一个十分安全的部分定约,给他们+110 分。整手牌如下:

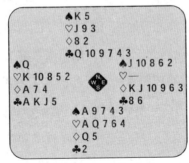

对手很可能会继续叫到三阶,得到 **130** 分或者 **150** 分。与此同时,2♡加倍会让对手得到 **1100** 分。

经验总结

1) 倾听叫牌!

2) 当你知道牌张分布恶劣时叫牌要保守。

3) 在技术性加倍之后,一个"二盖一"否认有 **10** 个大牌点,只表示有一门六张套。

牌例 36

东西有局,IMP 制,你坐南拿着:

♠K Q 7 5 2   ♡K J 10 8 4   ◇K   ♣4 2

西	北	东	南
3♣	不叫	不叫	3♠
不叫	3NT	不叫	?

两个问题:

1. 你赞同南家的 3♠吗?

2. 现在你叫什么呢?

牌例 37

东西有局,MP 制,你坐南拿着:

♠K Q 10 8 7   ♡K 10 8 5 4   ◇10   ♣6 4

西	北	东	南
		1♣	2◇[1]
加倍[2]	不叫	不叫	?

1. 克林格约定叫,表示有双高花。

2. 至少能够惩罚一门高花。

你叫什么呢?

解答-牌例 36

东西有局,IMP 制,你坐南拿着:

♠KQ752　♡KJ1084　◇K　♣42

西	北	东	南
3♣	不叫	不叫	3♠
不叫	3NT	不叫	?

两个问题:

1. 你赞同南家的 3♠吗?

2. 现在你叫什么呢?

1. 你赞同南家的 3♠吗?

在 3♣之后牌手可以有很多选择:

不叫。尽管是一个保守的选择,却很有可能是正确的。不过,在这种局况下同伴可能是对 3♣的一个半陷阱式不叫,比如:

♠×　♡A×××　◇Q××　♣K 10 9×

加倍。同伴拿着上面的牌会开心地不叫。加倍的另一个好处是你方能打到某一门高花。坏处则是听到任何的方块叫品你都不会开心,同伴很可能要叫 3NT,这样就会错失 5-3 的高花配合。

4♣,但点力不够。你可以叫到高花,但可能会打宕。如果四阶高花能够打成,同伴可能就会寻求满贯了。

3♠是一种妥协。它放弃了惩罚性加倍的机会,只介绍了一门高花,当然除非你打算后面再叫出另一门高花。

我认为加倍是正确的。我会放过 3◇,4◇和 3NT。如果同伴叫 5◇,我会看一下比赛日程表,看看明天我能打哪个项目。但 3♠肯定是第二选择。

2. 3NT 之后你叫什么呢？

我认为在 3NT 之后，不叫肯定是正确的。看上去右手方在双高花上都有不错的牌。如果那样，他可能会加倍。即使有配合，如果东家加倍，我也不会期望能打成。这是 2006 年罗森布拉姆杯半决赛上出现的一副牌。在一桌上，南家(方位已旋转)平衡叫了 3♠，并在同伴的 3NT 之后转叫 4♡，东家加倍。整手牌如下：

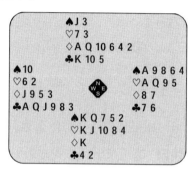

4♡加倍宕三，东西得+500 分。

经验总结

1) 西家的 3♣是你看到的这手牌可能会失配的第一个信号。

2) 尽管 3♠不够理想，但也算是一个合理的叫品。

3) 如果要在成局和满贯里进行选择，并且你不确定形势，有句俗话"没有加倍就没有麻烦"确实是非常好的建议。

解答-牌例 37

东西有局,MP 制,你坐南拿着:

♠ K Q 10 8 7　　♡ K 10 8 5 4　　◇ 10　　♣ 6 4

西	北	东	南
		1♣	2◇¹
加倍²	不叫	不叫	?

1. 克林格约定叫,表示有双高花。

2. 至少能够惩罚一门高花。

你叫什么呢?

你的不叫意味着什么吗? 如果是的话又是什么意思呢?

每对搭档都应该达成共识。这一条出现在我的最新约定叫中。我拿南家的牌叫了 2♡,被加倍宕了好几个。整手牌如下:

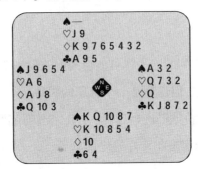

这是一种常见的主题——你叫了一个叫品,通常是约定叫,对手加倍,同伴不叫。另一种常见的例子是:

西	北	东	南
		1♣	加倍
再加倍	不叫		

西	北	东	南
			1NT
不叫	2♡ [1]	加倍 [2]	不叫

1. 转移。

2. 红心。

我的建议是在前两种情况下,不叫是同伴要打。最后一种也可以这么用,但另一种更常见的用法是区分出黑桃张数:不叫是两张,接受转移是三张以上。重要的是你和同伴有约定。

经验总结

确保你和同伴在约定叫被对手加倍后有约定。

牌例 38

双方无局，IMP 制，你坐南拿着：

♠5　♡Q 10 8 5　◇A J 10 8 2　♣A 9 3

西	北	东	南
	1NT[1]	3♠	?

1. 12~14 点。

你叫什么呢？

牌例 39

东西有局，MP 制，你坐南拿着：

♠A 10 2　♡A J 9 8 2　◇J 10　♣8 6 3

西	北	东	南
	1♡	加倍	?

你叫什么呢？

解答–牌例 38

双方无局,IMP 制,你坐南拿着:

♠5　♡Q 10 8 5　◇A J 10 8 2　♣A 9 3

西	北	东	南
	1NT¹	3♠	?

1. 12~14 点。

你叫什么呢?

即使你打莱本索尔,3NT 通常都表示有黑桃挡张。提醒你一下,3NT 很有可能是正确的,因为东家如果拿着坚固套,他会不叫而不是争叫,希望你们停在 3NT 上。

另一个主要选项是加倍。这是表明牌力的加倍,有邀叫以上牌力,正如你现在所拥有的。这个加倍逻辑上不会是直接的惩罚性加倍,因为东家有长套,而北家至少有两张黑桃。你的黑桃持牌通常是单张或双张小牌。无将开叫人需要自己判断是否应该不叫,叫 3NT 或者叫出一门花色。

所以你选择了加倍,随后大家都不叫了。整手牌如下:

```
                    ♠Q 3
                    ♡A 2
                    ◇Q 9 4
                    ♣K Q 10 8 6 2
    ♠9 6 2                        ♠A K J 10 8 7 4
    ♡J 9 7 6 4          N         ♡K 3
    ◇K 7 5          W     E       ◇6 3
    ♣7 4               S          ♣J 5
                    ♠5
                    ♡Q 10 8 5
                    ◇A J 10 8 2
                    ♣A 9 3
```

3♠加倍正好,得-530 分,损失 9IMP。

在我看来,造成这个结果的错误完全在于北家。南家叫了他该叫的;但北家拿这样的牌型其实是不应该开叫 1NT 的。虽然在 MP 制比赛里这是一个很有用的策略,但牌型会误导同伴。北家是拿着一门长套的弱牌,而实际上他已经表明是一手弱的均型牌。

同样,没有理由在 IMP 制比赛里去赌能够打宕 3♠。北家的防守实力很差,黑桃的持牌更是非常糟糕,但毕竟拿着一门好的六张套,所以他应该叫 4♣。碰巧这副牌 5♣ 是铁的。

经验总结

1) 拿着一门六张低花套,在没有单缺的时候,开叫一阶低花要比开叫一无将好。不管你的无将开叫是弱无将还是强无将。我相信大多数 5-4 套的时候也这样叫牌才是正确的。

2) 上面第一条同样适用于 2NT 开叫。

3) 在 1NT 开叫之后,对阻击叫的加倍通常是表示在阻击者的花色上是短套。

4) 在阻击叫之后的加倍是表明牌力,与叫牌阶数相对应。这是表明有可以转换的牌力——即对主打和防守都有用的牌力。

5) 当你有非常好的其他选择时,不要在 IMP 制比赛里尝试投机性的惩罚性加倍。

解答-牌例 39

东西有局,MP 制,你坐南拿着:

♠ A 10 2　　♡ A J 9 8 2　　♢ J 10　　♣ 8 6 3

西	北	东	南
	1♡	加倍	?

你叫什么呢?

好了,我们现在想要把十张配合花色叫到多高?等一下。让我们再仔细看看这手牌。是的,你有五张红心支持,但没有短套。你方能打成什么,或者对手能打成什么呢?都不太确定,但也许双方都只能打个部分定约。面对同伴开叫的牌,你有两个 A 的防守实力,而在主打方面,你有很多输墩——九个!——都需要同伴去解决!

最佳叫牌路线是什么呢?其实正确答案是不叫!给对手叫牌空间去描述他们手里的牌,然后在最低阶数上叫红心(假设同伴静默)。

实战上我不叫,西家叫 1♠,然后两家不叫轮到我。我叫 2♡ 结束了叫牌,正好打成而得到顶分。如果他们竞叫到 2♠,我会叫 3♡,-50 分,并列顶分。

如果你跳叫的话,你们很可能是打 4♡ 加倍,结果宕二。实际上整手牌如下:

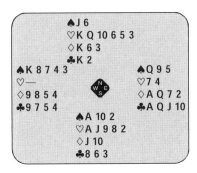

117

经 验 总 结

1) 慢叫能掩饰有很强的将牌支持,或者有一门很好的长套。

2) 慢叫能够让对手准确地表现出他们的牌力。这样能在两方面帮助你。首先,你能够知道对手的牌力。其次,同样重要的是,争叫人的同伴会一下子叫足,这样他们后续可能就不太会继续竞叫。

3) 推论是,跳叫经常会迫使对手找到他们的最佳配合,你却不知道他们是否能完成这个定约。

4) 有极好的将牌配合就意味着有很多赢墩,即使大牌点是低限,但联手牌必须有短套才行。

5) 当你是 5-3-3-2 牌型,有五张将牌的时候,注意不要高估了你的牌张价值。

第 5 章　低阶竞叫

二阶和三阶是竞叫进程的主要战场。在低阶你可以交换信息，以决定这手牌属于哪一方，利用这些信息你应该做什么。一些常见的错误有：

1. 当你真的想做防守时却鼓励同伴继续竞叫。

2. 严重误导同伴对你牌力的判断。比如，对技术性加倍在一阶应叫却有 11 个大牌点甚至更多。

3. 在决定你的牌值得叫两次还是只能叫一次的时候，没有考虑到关键问题。如果只能叫一次，要叫那个最能帮助到同伴的叫品。如果值得叫两次，要有策略地叫牌。一些叫两次的策略有：

   * 先叫出你最长的花色。

   * 先叫出一门花色，随后加倍表示是高限牌。

   * 当你的高花等长时，对技术性加倍应该先叫黑桃再叫红心。

正如前面几章讲过的那样，记住在决定你的叫品之前想想这个问题："谁会从我的叫牌中获益更多——是我的搭档还是对手？"

牌例 40

双方有局,MP 制,你坐南拿着:

♠AKQ ♡J10 5 ◇654 ♣J872

西	北	东	南
	1♡	1♠	?

你叫什么呢?

牌例 41

双方无局,IMP 制,你坐南拿着:

♠A 5 ♡965 ◇KQJ43 ♣J92

西	北	东	南
1♠	2♣	加倍	?

你叫什么呢?

解答-牌例 40

双方有局,MP 制,你坐南拿着:

♠A K Q   ♡J 10 5   ◇6 5 4   ♣J 8 7 2

西	北	东	南
	1♡	1♠	?

你叫什么呢?

这里有六种可能的叫品:1NT,2♣,2♡,2♠,2NT 和加倍。很多种选择;你会选哪一个呢?我发现叫牌之前关键的思考通常与最后的结果密切相关。

这副牌南家 11 个大牌点中的绝大部分都在东家的花色上。南家的牌型很差,对着正常开叫的牌,成局定约很可能打不成。因此除非同伴能够帮忙,不然的话这副牌看上去就是一个部分定约。如果真是那样,我也乐意给对手送我们+200 分的机会。最佳方法就是低叫,希望对手会叫 2♠,然后我加倍。我很乐意加叫 2♡,但我希望对手争叫 2♠,之后我的加倍只表明是一手高限牌。这里否定性加倍也不好,因为很明显前两个选项更具有描述性。

为了让同伴"配合"你,我在桌上做出的最佳选择是 1NT。果然就是我所希望的那样,西家叫了 2♠ 而我加倍,结束了叫牌进程。整手牌如下:

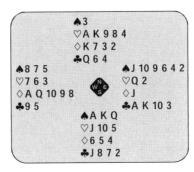

在我兑现三个黑桃之后,东家只能拿到三墩黑桃,一墩方块和两墩草花而宕二。我们所得的+500 分很轻松地成为顶分。

经验总结

1) 试着叫出那些能够将叫牌进程带到你所希望看到的定约上去的叫品。这里的 **1NT** 就是这种叫品。

2) 有些牌,像这副一样,你可以判定有没有可能成局,这一点会帮助指导你的叫牌策略。另一个例子是当你有 **11~13** 个大牌点,而同伴之前不叫过,这时就不要尝试进局!

3) 加叫红心很可能会导致你方主打,而你其实是想做防守。在这副牌中东家会连打三轮草花,西家可以将吃,然后换攻◇A,接着再出一张方块。东家会将吃掉庄家的◇K,并回出草花让西家将吃,消灭掉明手的第四个草花赢墩。庄家可以超将吃,但防守方已经拿到了五墩牌,而且还有一墩方块。所以即使是 2♡ 也太高了!

4) 在一门花色上仅拿着 **AKQ** 三张时应该降低主打价值的估算。相反,**AKQ×(x)** 具有更多得墩的潜力。

122

解答-牌例 41

双方无局, IMP 制, 你坐南拿着:

♠ A 5　　♡ 9 6 5　　◇ K Q J 4 3　　♣ J 9 2

西	北	东	南
1♠	2♣	加倍	?

你叫什么呢?

这手牌其实并不难处理, 但在最近一次的国际锦标赛上就有人叫错了。这种情况之下——在同伴争叫后的叫牌——遵循相关原则是极其重要的。第一原则是要知道争叫人的同伴叫出一门新花色是不是逃叫。对于没有不叫过的牌, 最好是打逼叫性的。比如, 如果你拿着:

♠ ×××　　♡ K ×　　◇ J 10 ×××××　　♣ ×

你不要叫 2◇, 只能不叫。如果对手加倍 2♣ 是惩罚性的, 你才可以逃叫到方块。

拿着牌例 41 中南家的这手牌, 要叫 2◇。之后根据叫牌发展再来决定是否加叫草花。实际上叫牌是这样继续的:

西	北	东	南
1♠	2♣	加倍	2◇
2♡	3◇	不叫	?

现在你很容易叫出 4♣, 表示有配合, 尝试进局。左手方叫 4♡, 同伴叫 5◇, 随后都不叫了! 整手牌如下:

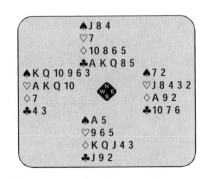

尽管得了-50分,你还是赢了10IMP。另一桌的叫牌是这样的:

西	北	东	南
1♠	2♣	加倍	3♣
3♡	不叫	不叫	4♣
4♡	全不叫		

庄家拿到十墩牌毫无困难。

不叫过的牌手原则

如果你不叫过,原则是不同的。不叫过的牌叫出新花色是建设性的。尽管这是搭档风格中的问题,暗示就算没有配合,也至少能够容忍(××)同伴花色。理由是,如果你不叫过,你只有中等牌力。为什么要在同伴花色单缺时玩火加入叫牌呢?当你不是一手不叫过的牌时,你的大牌点上限会高得多,但也不完全是无限的。如果你有一手进局逼叫的牌:

♠×   ♡AK××   ◇AQJ43   ♣J××

你必须先扣叫然后再叫方块。所以没有不叫过的牌要是叫出新花色的话,在我看来最好是打100%逼叫的。

经验总结

1) 争叫人的同伴叫出新花色至少是建设性的,不是弱牌。

2) 搭档间应该决定应叫人叫出新花色是逼叫一轮还是建设性的。

3) 记住一阶争叫(6 个大牌点,五张套)和二阶(非跳叫)争叫(11 个大牌点以上,通常是六张套)的低限有很大区别。

4) 加叫争叫人的花色更多是竞叫性而非建设性。还得多说一句,当你方有局时,这些原则会有所变动。(参见第 3 章局况与叫牌)

5) 注意另一桌西家的叫牌。他知道自己想要抢到定约,所以他只叫了 3♡,试图掩饰他很强的以红心为将牌的主打能力,希望后续能用 4♡ 买单。

牌例 42

南北有局,MP 制,你坐南拿着:

♠3　♡A K 10 9　◇Q 8 6 4 2　♣A Q 7

西	北	东	南
1♠	不叫	1NT	加倍
2◇	不叫	2♠	?

你叫什么呢?

牌例 43

双方有局,MP 制,你坐南拿着:

♠K J 10 3　♡—　◇K Q 7 5 3　♣10 9 6 3

西	北	东	南
	1♡	1♠	?

你叫什么呢?

解答-牌例 42

南北有局,MP 制,你坐南拿着:

♠ 3　　♡ A K 10 9　　◇ Q 8 6 4 2　　♣ A Q 7

西	北	东	南
1♠	不叫	1NT	加倍
2◇	不叫	2♠	?

你叫什么呢?

这副牌也是一个很典型的例子,尽管 MP 制比赛的策略要稍微积极一些。正确的叫品是加倍。有两方面的理由:

* 首先,你最初的加倍只是保证在这种局况下有不错的牌力。但并没有完全表示出有如此强的持牌。

* 其次,在这种局况下同伴可将你的技术性加倍转为惩罚性。

还有其他因素暗示加倍是正确的。你在庄家的第二门花色上有五张。所以大多数红心和草花的大牌会在你的右手边, 而同伴的黑桃正好坐在庄家的后面。并且,对手在无局方时会轻叫。整手牌如下:

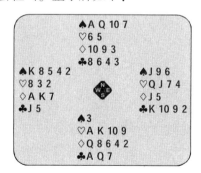

在桌上我和同伴都保守地在二黑桃后不叫。这真不是一个好定约! 我们千辛万苦防成宕四才得了+200 分!

经 验 总 结

1) 要确保描述清楚你的牌。第一声加倍并没有完全做到这一点。

2) 轻开叫和后续轻叫牌是一把双刃剑,对双方可能都有伤害!但你不应该介意某一次的损失,因为积极的叫牌通常会获益更多。

3) 同样的理论也适用于南北方为何应该加倍 2♠。

解答-牌例 43

双方有局,MP 制,你坐南拿着:

♠ K J 10 3　♡ —　♦ K Q 7 5 3　♣ 10 9 6 3

西	北	东	南
	1♡	1♠	?

你叫什么呢?

这手有趣而又有意义的牌出现在去年十二月的一次 MP 制比赛里。有四个选项:

1. 2♦。

2. 1NT。

3. 加倍。

4. 不叫。

在我们看每个具体选项之前,重温一下,我们想要做的决定是要能够给同伴描述清楚我们的牌,并希望能带来最佳的结果。

1. 2♦。很合理。在有争叫的时候,大多数搭档会同意降低二盖一叫牌的大牌点力要求。在竞叫中,二盖一承诺再叫一次;换句话说,你不能放过同伴的再叫原花色。这个叫品的问题是可能让你们叫得过高或者不能表示出你有非常好的黑桃挡张。综合来说这是我的第三选择。

2. 1NT。这是表示有 8~10 点,黑桃上有挡张,很好地描述了你的牌。当然问题是你在同伴的花色上是缺门,在未叫的两门花色套上拿着好牌。

3. 加倍。这是一个很好的叫品,你表明了大牌点及双低花。

4. 不叫。不叫不会帮助你描述清楚你的牌,只会让同伴的选择更加困难。假设同伴用加倍重开叫,我不认为我们想去防守 1♠ 加倍定约!即使在 IMP 制比赛里我也会叫牌,而 MP 制比赛则完全是叫牌人的比赛。因此这是四个选项中我最不青睐的一个。

　　所以我的决定要在否定性加倍和 **1NT** 之间做出选择。我更喜欢 **1NT**。你可以表示出确切的大牌点数和黑桃挡张。当你在同伴最长的花色上完全失配时，我不会刻意追求有将定约。如果同伴叫出新花色你可以加叫。如果他重叫红心你应该不叫。整手牌如下：

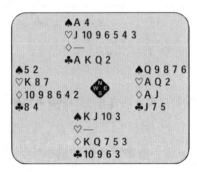

　　北家在南家的任何一个选择之后都有一个非常有趣的再叫。实际上南家选择叫 2◇，然后放过了 2♡ 再叫。在 2◇ 之后北家的其他选项里，我认为 4♡ 最优，我期望面对同伴任何上述选项都能打成，南家可以没有红心，只要红心正常分布，4♡ 就是铁牌。

♠×× 　♡××× 　◇×××× 　♣××××

　　无需多言，按照实际这手牌，**3NT** 和 4♡ 都需要红心 3-3 分布。4♡ 在首攻草花之后能被防宕，西家可以用 ♡K 赢进第一轮红心，然后打第二轮草花。当东家赢进第二轮红心之后，现在他就可以打出第三张草花让西家将吃。

经验总结

1) 如果你在竞叫中叫出了一个二盖一叫品,你不能放过同伴的再叫。这就是为什么 2◇ 是我第三个选项的理由之一。你还要选择另一个叫品(3♣ 会是最不难受的一个),可能会叫得过高。南家在第二轮叫牌时不叫,他还做了件更糟糕的事:他放过了逼叫的叫品。他是否正确并不重要。如果你放过了逼叫叫品,那同伴就再也无法信任你的叫牌了。

2) 注意我并没有讨论北家再叫草花的事情。经验教育我 4-4 配合打起来没有 6-1,7-1 甚至 7-0 配合好,因为将吃通常会让你失去控制。这副牌北家离 4♡ 铁牌只差了一张♡8 而已,而 5♣ 在首攻方块之后会很难堪。

3) 这手难以描述的牌是个活生生的例子,告诉我们在做第一次叫牌前要花些时间,因为第一次叫牌会决定之后的进程,和这副牌最终的成功。

4) 当你在同伴主要长套上是单缺时,要更加保守。

牌例 44

东西有局, MP 制, 你坐南拿着:

♠A 9 4 3　♡—　◇K Q 9 8 6 5 3　♣7 4

西	北	东	南
1♡	不叫	2♡	?

你叫什么呢?

牌例 45

双方无局, IMP 制, 你坐南拿着:

♠—　♡K 5　◇K J 10 7 6 2　♣10 9 8 7 6

西	北	东	南
1♠	不叫	1NT	不叫
2♠	不叫	不叫	?

你叫什么呢?

解答-牌例 44

东西有局,MP 制,你坐南拿着:

♠ A 9 4 3　　♡ —　　◇ K Q 9 8 6 5 3　　♣ 7 4

西	北	东	南
1♡	不叫	2♡	?

你叫什么呢?

这是一个很有趣的情形。你肯定没有传统意义上争叫的点力,但你知道同伴有红心长度,可能会有些大牌。如果西家不叫你可能会拿到一个坏分数。不过,如果你叫牌了,同伴大概不会认为你只有 9 个大牌点!

我觉得 3◇ 是个好叫品。你不会受到多少伤害,如果对手叫 3♡,同伴就会很明白怎么做是最好的。你的 ♠A 和 ◇KQ 或多或少能帮助防守。而且,如果你准备叫牌,这里有个更好的叫品,尽管有些人会觉得我疯了! 稍后我会告诉你我推荐的 MP 制比赛进取行动是怎样的。但还是先来看一下整手牌:

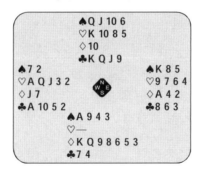

加倍! 你有四张黑桃,同伴可能牌很好,足以转为惩罚。不管是哪种情况你都能拿到好分数。2♡ 会宕二,同时你方的 4♠ 可以打成。如果北家在你加倍之后叫出 3♣,你应该转到 3◇。注意很多搭档允许同阶转换花色并不表示有很强的牌,所以你可以采用这条建议。巧合的是,在这种约定下,如果你真的拿到了牌点很多的"怪物",比如:

♠ A K　　♡ × 　　◇ A Q J × × × × 　　♣ A Q ×

你在3♣后就可以先扣叫,然后再叫方块。如果你们不打同阶转换,那么你这里就能叫3◇。

顺便说一句,如果南家放过2♡,而西家也不叫,我觉得北家应该平衡叫出2♠。

经 验 总 结

1) 有时候在非平衡位置上做平衡叫是正确的。大概好几次里会有一次。这种情况的特点是你在对手的将牌花色上是短套,你担心同伴有将牌长度,他也许就不能做平衡叫了。

2) 就算你发现了一个好的叫品,你也不要停止思考。看一看是不是还有比你的第一选择更好的叫品。再说一遍,要考虑你的选择会有什么好处,结合预期的后续叫牌。

解答-牌例 45

双方无局,IMP 制,你坐南拿着:

♠— ♡K 5 ◇K J 10 7 6 2 ♣10 9 8 7 6

西	北	东	南
1♠	不叫	1NT	不叫
2♠	不叫	不叫	?

你叫什么呢?

你知道同伴在西家后面有很多黑桃,可能有不错的点力,但他并未争叫 1NT。因为他的牌有缺陷。可能是:

* 点力不足。

* 黑桃太多。

* 旁门有单缺。

你知道同伴很乐意去防守 2♠,但你有很多主打牌力,因此我认为这是一个简单的平衡叫。你要叫 2NT 表示双低花,而不是加倍,因为你没有足够的红心。3◇也可以,但 2NT 会更好。

你有没有正确地选择做平衡叫呢? 你相信你们能有满贯吗? 整手牌如下:

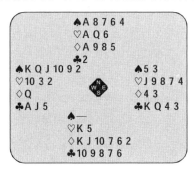

我认为满贯很容易叫到。南家已标明有五张方块,北家高花上的 AAQ 能解决所有高花输张。在北家看来甚至可能有大满贯。

经 验 总 结

1) 做平衡叫的话,会有很多好事发生:

* 当 2♠ 正好或者仅宕一时,你可以试试别的。

* 你方可以叫到一个能打成的成局定约或者满贯。

* 对手可能竞叫 3♠ 然后打宕,可能会被同伴加倍。

2) 记住,在另一桌上也是同样的分布。你要给对手施加额外的压力,才能打平或者赢得 IMP。

牌例 46

双方有局, MP 制, 你坐南拿着:

♠A 4 ♡Q 8 4 3 ◇— ♣A K Q 9 8 5 3

西	北	东	南
		不叫	1♣
1◇	1♠	2◇	?

你叫什么呢?

牌例 47

双方有局, MP 制, 你坐南拿着:

♠K 9 8 ♡A Q 6 ◇Q 10 8 3 ♣A 9 2

西	北	东	南
1♣	不叫	不叫	?

你叫什么呢?

解答-牌例 46

双方有局,MP 制,你坐南拿着:

♠A 4　♡Q 8 4 3　◇—　♣A K Q 9 8 5 3

西	北	东	南
		不叫	1♣
1◇	1♠	2◇	?

你叫什么呢?

有些时候,比如现在这副牌,你有很好的主打潜力,有诸多可以表示的特征,有三门可以打的花色。拿着这样一手牌你无法立刻知道你最后要打什么定约。最好的办法就是慢慢来,先听听其他牌手的叫牌。这手牌很重要的一点是你对方块花色没有什么防守实力。现在最好的叫品是 2♡,叫牌绝不会就此打住,你和你的同伴也能处在选择后续叫品的有利位置上。

另一个有价值的叫品是加倍(假设你们不使用支持性加倍)。这个叫品表示有未叫花色套和一手好牌。我不选择加倍的理由是,同伴会以为你是一手更为平均的牌,很可能是像 2-4-2-5 牌型。拿着极端的牌型时,叫出你的第二门长套,准备在第三轮叫牌时做加倍。

在 2♡ 之后,叫牌这样继续:

西	北	东	南
		不叫	1♣
1◇	1♠	2◇	2♡
不叫	2♠	3◇	?

现在叫什么呢? 有三个可能的选项:

* 3♠。

* 4♣。

* 4◇。

你的牌不够叫 4◇。你应该有更好的牌和更好的黑桃,比如:

♠ A×× ♡ K J×× ◇— ♣ A K Q××××

如果你的双张是在方块上,4♣ 还可以,但现在你隐藏了黑桃配合。最佳叫品是 3♠。同伴应该至少有六张黑桃。3♠ 通常表示有长草花,四张红心,一些黑桃和方块短套的一手牌——正如你现在的持牌!当然你更希望能有三张黑桃,但这就不是现在发到的这副牌了!实际上,同伴有一个简单的 4♠ 叫品。尽管同伴的牌很破,这个黑桃成局定约依然是铁牌。整手牌如下(方位已旋转):

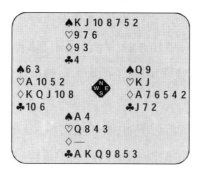

```
              ♠ K J 10 8 7 5 2
              ♡ 9 7 6
              ◇ 9 3
              ♣ 4
  ♠ 6 3                        ♠ Q 9
  ♡ A 10 5 2      N            ♡ K J
  ◇ K Q J 10 8  W   E          ◇ A 7 6 5 4 2
  ♣ 10 6          S            ♣ J 7 2
              ♠ A 4
              ♡ Q 8 4 3
              ◇ —
              ♣ A K Q 9 8 5 3
```

你比实战中的南家做得好。他在 2◇ 之后扣叫 3◇,在同伴的 3♠ 之后再叫 4♣。北家的不叫可以理解。西家首攻一张小红心,结果庄家猜错黑桃,4♣ 宕一!

经验总结

1) 保持开放的意识,即使你有自己的好套或者长套,也可以打同伴的花色。

2) 两次叫牌随后做加倍是表示一手有额外牌型和额外大牌点的牌。相反,先加倍后叫牌是表示有额外的实力,但否认是极端的牌型。

3) 2♡ 表示出牌力但也不是 **100%** 逼叫。拿着均型好牌时,加倍是正确的。拿着非均型怪牌时,先叫新花色再扣叫是逼叫。

解答-牌例 47

双方有局,MP 制,你坐南拿着:

♠K 9 8   ♡A Q 6   ◇Q 10 8 3   ♣A 9 2

西	北	东	南
1♣	不叫	不叫	？

你叫什么呢?

这副牌你有 15 个大牌点,而同伴有 11 个大牌点:

♠J 3   ♡10 8 3   ◇A K 9 4   ♣K 10 6 3

但在最近一次的复式比赛中,场上的大多数牌手都没能叫到铁有的局。问题当然是因为对手开叫了。

当对手在一阶开叫了,然后不叫,不叫轮到你,你处在一个平衡位置上,这时候叫牌原则和开叫后在直接位置上叫牌有一点不同:

技术性加倍最少可以是好的 8 点牌,比如:

♠K × × ×   ♡A J × ×   ◇× × × ×   ♣×

理由是同伴已标明有些实力,你想要竞争定约。一阶平衡位置上的标准做法有:

* 争叫等同于直接位置。

* 1NT 表示有 10~14 个大牌点。

* 加倍随后叫最低阶无将表示是 17~19 个大牌点的均型牌。

* 2NT 表示是 20~21 个大牌点的均型牌。

* 拿着 15~16 个大牌点的均型牌时,先加倍,随后有配合的话加叫。

平衡位置牌手的同伴可以做这些:

1. 在争叫或加倍后叫 1NT 表示有 10~12 个大牌点。

2. 跳叫 2NT 表示有 13~14 个大牌点。

3. 跳叫新花色表示有 10 个大牌点以上。

因此,这副牌的叫牌应该这么进行:

西	北	东	南
1♣	不叫	不叫	加倍[1]
不叫	1NT[2]	不叫	3NT[3]

1. 8 点以上。

2. 10~12 点。

3. 我有 15 点,足够叫到局。

经验总结

一阶平衡位置上的叫牌进程很特别,应该和你的同伴认真讨论清楚。

牌例 48

双方有局, IMP 制, 你坐南拿着:

♠AK ♡2 ◇QJ109632 ♣AJ3

西	北	东	南
		不叫	1◇
1♠	不叫	不叫	?

你叫什么呢?

牌例 49

东西有局, MP 制, 你坐南拿着:

♠J72 ♡AK103 ◇AJ2 ♣K72

西	北	东	南
1◇	不叫	1♡	不叫
2♣	不叫	2◇	?

你叫什么呢?

解答-牌例 48

双方有局, IMP 制, 你坐南拿着:

♠ A K ♡ 2 ◇ Q J 10 9 6 3 2 ♣ A J 3

西	北	东	南
		不叫	1◇
1♠	不叫	不叫	?

你叫什么呢?

一阶平衡叫最最不能做的事情是让对手有机会叫到并打成成局定约。当然保护同伴也是很有必要的, 不管他是没有合适的牌型直接进入叫牌或者他是想等一个重开叫的加倍, 这样他就可以将之转为惩罚。

这里看上去同伴并不像是等着惩罚黑桃的牌。线索是西家在有局方时争叫他应该有个好套, 但你已经在他的花色上有 A 和 K 了! 北家可能有长草花套, 不过他要叫 2♣ 的话确实太轻了。

那北家会有什么牌呢? 他可能会有些黑桃长度。他没有四张红心和 6 点以上, 否则他可以叫否定性加倍。

现在我们知道对手几乎肯定有红心配合, 而同伴是弱牌。你需要自问的问题是"我们能打宕 4♡ 吗?"

答案是几乎不能。除了有五张以上红心和一些牌点, 东家极有可能是黑桃短套, 因为他并未加叫黑桃。

如果你不叫, 即便你本来可以叫 3◇ 而现在放弃了部分定约, 你方也并没有放弃局。在 2014 年加拿大队式锦标赛淘汰赛中南家叫 2◇ 平衡, 对手很快就叫到了铁的 4♡ 局。

整手牌如下(方位已旋转):

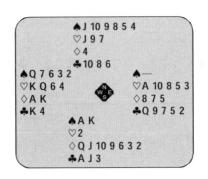

经验总结

1) 你一定要仔细考虑对手是否能打成局,通常是未叫高花,不管是在一阶上的平衡叫还是你开叫,左手方用低花争叫时。

2) 你往往能区分出同伴是否是在争叫人之后埋陷阱,希望能惩罚对手。

3) 争叫人通常会有一手很好的牌,但仅用一次叫品是不能描述清楚的。理论是,"如果我能应付这轮叫牌,我就处于描述持牌的有利位置上。"已故的伟大牌手阿尔·罗斯曾经提到过这类叫品,"如果叫牌进程继续,那么这个叫品就是到位的"。

解答-牌例 49

东西有局, MP 制, 你坐南拿着:

♠ J 7 2　♡ A K 10 3　◇ A J 2　♣ K 7 2

西	北	东	南
1◇	不叫	1♡	不叫
2♣	不叫	2◇	?

你叫什么呢?

这副牌出现在最近的欧洲锦标赛上。实战中南家不叫。整手牌如下(方位已旋转):

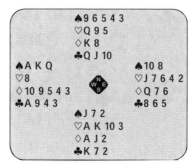

我不知道为什么南家一直都不叫牌——他很显然没读过我的书! 也许他被名气比他大得多的对手震慑住了。实际上, 他的错误在于没有在 1♡ 应叫之后进入叫牌。我喜欢在机会合适时就争叫 1NT 表示有 15~18 个大牌点。如果 1NT 有其他含义的话, 那我会用加倍代替。南家的牌太好了, 第一轮不叫根本说不过去。理由是如果你只是在第二轮的平衡位置上才开始叫牌, 那么即使你方有成局定约, 也没有什么机会能叫到了。

就算是不叫过了, 但我还是会加倍 2◇。对手已经叫过三门花色, 所以正常来说现在是倾向于惩罚的。北家应该不叫, 然后首攻将牌。唯一例外是当他有长黑桃或者双高花——在这种情况下叫牌是正确的。

另一桌上叫牌是这样进行的：

西	北	东	南
1◇	不叫	1♡	1NT
不叫	2♡*	不叫	2♠
不叫	3NT	全不叫	

3NT 很容易打成。放打 2◇ 导致输掉 11IMP 无疑是雪上加霜。

经 验 总 结

1) 我再次强调，即使有风险也要表示出你的牌力。

2) 平衡位置上的叫牌是基于两手牌的联手大牌点。也就是说，一家独自在平衡位置叫牌后再叫到局的情况是非常罕见的。

3) 越早叫牌表示牌力就越安全，要在对手有机会交换牌力和牌型信息之前。等到对手已经交流过信息后你方再叫牌只能是让他们快速做出决定，通常对手还能有个好分数。

第 6 章　高阶竞叫

在前面几章我们讨论了局况对于叫牌的影响。而局况对于高阶叫牌尤为重要。本书的第 4 章《配合与失配》也提到过四阶以上叫牌的重要性。

一个能有效地在高阶竞叫的要求就是对逼叫性不叫规则有着扎实的理论和应用基础。这一点在我早期的书中也阐述过,但是作为提醒:

逼叫性不叫进程

在专业牌手圈里,对一些特定进程是否是逼叫性不叫的情形也有着不同的看法。以下是我的观点。

逼叫性不叫进程通常发生在五阶水平上。为了形成逼叫,至少要包括以下三种情况中的一种:

* 你们在一个进局逼叫的叫牌进程之中。

* 一人开叫(除了第三家开叫)之后,他的搭档做过进局邀叫。

* 一人直接跳叫到局(比如 1♠-(2♣)-4♠),但只有是在你方有局而对方无局时。

如果以上情况出现了,那么逼叫性不叫就适用,否则就不适用。这里是几条原则:

* 对手不能主打没被加倍的定约。一旦对手牺牲,同伴叫牌的含义只有这些:

   a) 加倍是最不鼓励叫牌的,通常是表示在对手的花色上是××。一个例外是你的牌对于主打实在是不好(或者对于防守很好),你加倍,对同伴隐藏了你的短套。注意:不要轻易这样做而不考虑加倍的成功率,因为这会损害搭档间的信任。

b) 叫牌表示有强劲的主打牌力，在对手的花色上是短套（或者你可能拿着×××或者××××）。叫出一门新花色暗示有额外的牌力，如果同伴有很好的配合，邀请他继续叫牌。

c) 不叫一般是表明有短套，没有额外的主打牌力，让同伴去做决定。通常你会遵从同伴的决定。不过，先不叫然后在同伴的加倍后再叫是表示有额外的牌力，是一个确定的满贯试探。

大多数在第四章开头提到的原则在这里同样适用。

* 注意你的大牌位置。

* 注意局况。

* 试着推测叫牌进程会如何继续。

* 每次叫牌后更新你的分析。包括挑战你最初的分析，适当地改变策略。

* 如果是打队式赛，比赛现状可能会影响你的决定，或者可能会影响到对手是格外谨慎还是更为激进。

* 当你认为叫牌进程会变得更具竞争性时，就介绍第二门花色，你需要让同伴参与到决策中。

* 掩饰你配合的程度，这样你就能在低阶抢到定约。

牌例 50

东西有局, MP 制, 你坐南拿着:

♠42　♡KJ9862　◇A2　♣AK2

西	北	东	南
			1♡
1♠	2♡	4♠	？

你叫什么呢?

牌例 51

东西有局, IMP 制, 你坐南拿着:

♠A742　♡K103　◇10952　♣92

西	北	东	南
	1♠	不叫	2♠
3♣	3♡	5♣	？

你叫什么呢?

解答-牌例 50

东西有局,MP 制,你坐南拿着:

♠42 ♡KJ9862 ◇A2 ♣AK2

西	北	东	南
			1♡
1♠	2♡	4♠	?

你叫什么呢?

这手牌很有讲究,但不是常规的理由。这副牌出现在 2013 年蓝带双人赛上,大多数桌上的叫牌进程都是这么开始的。对黑桃定约南家有很好的防守实力,但东家是在有局对无局的情况下叫的局,所以黑桃成局定约从概率来看几乎能打成的。可能东家的叫牌是基于有长黑桃的好牌型,因此北家应该是短黑桃。

尽管 5♡ 很可能是正确的,但还是加倍更好。加倍告诉同伴这手牌属于我们,但并不建议同伴不叫。如果同伴防守牌力很弱而黑桃又短,那他可以叫 5♡,有两种作用——可能打成,或者可能是一个很好的牺牲。

所以这一切看上去都很好,但是……如果这次你加倍了,你就要背负得到坏分的责任! 整手牌如下:

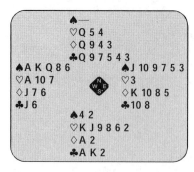

南家犹豫之后才加倍,北家自然地选择叫 5♡,能打成。不过,在很多桌上,

因为南家的犹豫,结果被调整为 4♠ 加倍,当 ◇Q 和 ◇9 位置有利时,定约正好能打成。-790 分的结果是并列底分。

经验总结

1) 时刻准备着! 始终要分析叫牌的进展,即使现在还没轮到你叫牌。

2) 在桌上要准备好应对可能的叫牌问题。具体到这副牌,当北家叫了 2♡,南家应该思考:如果东家不叫我应该叫什么,如果东家叫出 2♠,3♠ 或者 4♠ 我又该叫什么。如果你有提前思考潜在问题的习惯,那你就能避免叫牌中的迟疑,防止给同伴传递非法信息。

3) 一旦你已经犹豫了很久,那你就索性再多花些时间进行思考。不过,你也要意识到你现在的叫牌会限制同伴,不叫或加倍通常是最糟糕的。

解答-牌例 51

东西有局,IMP 制,你坐南拿着:

♠A742 ♡K103 ◇10952 ♣92

西	北	东	南
	1♠	不叫	2♠
3♣	3♡	5♣	?

你叫什么呢?

如今,叫牌进程越来越具有竞争性。越来越多的牌手领悟到防守叫牌(对手开叫后的叫牌)的重要性,以及防守叫牌是如何阻碍到对手,从而提高你方整体得分的。

克服干扰对搭档间的配合极为重要。每个人都必须帮助同伴发现更多叫牌进程中的制胜行动。

这副牌就是这样的例子。同伴开叫,对手叫到了局。一些牌手会说:"加倍!同伴开叫了,我有一个 A 和一个 K,他们怎么可能完成五阶定约?"

这是一个很好的开端,但需要更多的思考。我是这样思考的:

同伴是做了开叫,但他是在无局方时开叫的。对手在同伴叫了黑桃和红桃后叫到了局。听上去北家很像是拿着非常适合主打的牌,有很好的牌型,但不会有很多大牌点。这一点从对手自己叫上有局方的五阶成局定约中可以看出来。事实上,在这种局况下,同伴可能会轻开叫,因为他有牌型。他叫红桃也是有原因的。他想要描述清楚他自己的牌。他不会很强,因为如果他是好牌,他可以加倍 3♣ 表示有额外的牌力,对主打和防守都有帮助。

有了这些推理之后你的叫品就很简单了：**5♠**。相信同伴，他在寻求你的意见，而你的大牌点都在同伴的长套里，这是很清楚的选择。整手牌如下：

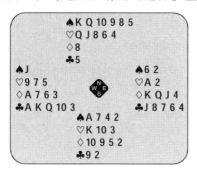

我的同伴牌点很少，但他的叫牌让我们赢了 **11IMP**，因为 5♠ 加倍宕一仅仅-100 分，而我们的队友被放打 5♣，正好完成。

经 验 总 结

1) 成功的比赛型牌手会充分利用局况的优势，尤其是在 **MP** 制比赛里。在局况有利时用稍微不理想的牌进入叫牌进程。

2) 在你开叫而对手干扰之后，区分究竟是大牌点多的牌还是牌型好的牌是极为重要的。加倍可以用来表示有额外的大牌实力，有牌型时则要直接叫。因此：

西	北	东	南
	1♠	不叫	**1NT**
3♣	**3♡**		

3♡ 表示一手有牌型的牌，比如：

♠ K J 10××   ♡ A K 10××   ◇ ×   ♣ ××

而

西	北	东	南
	1♠	不叫	**1NT**
3♣	加倍		

加倍则表示有很好的大牌实力，**15**个大牌点以上，比如：

♠ K J×××   ♡ A K 10×   ◇ A Q×   ♣ ×

3) 在竞叫进程中倾听来自同伴的线索。可以从他实际叫的牌中推导，也能从他没选择的叫品中推导。

4) 有局方的对手通常有充足的牌力支持他们的叫品。

牌例 52

南北有局,IMP 制,你坐南拿着:

♠94 ♡6 ◇K Q J 10 8 5 2 ♣A J 5

西	北	东	南
			1◇
1♡	加倍	4♡¹	?

1. 阻击。

你叫什么呢?

牌例 53

双方有局,IMP 制,你坐南拿着:

♠Q 6 2 ♡— ◇J 10 8 5 4 2 ♣K J 5 2

西	北	东	南
	1♠	不叫	2♠
4♡	4♠	不叫	不叫
4NT	加倍	5♡	5♠
6♡	加倍	不叫	?

你叫什么呢?

解答-牌例 52

南北有局, IMP 制, 你坐南拿着:

♠ 9 4 ♡ 6 ◇ K Q J 10 8 5 2 ♣ A J 5

西	北	东	南
			1◇
1♡	加倍	4♡[1]	?

1. 阻击。

你叫什么呢?

我们切换到加拿大国家队选拔赛, 比赛是为了选拔出代表加拿大参加在巴厘岛举行的 2013 年威尼斯杯的队伍。这是一手很好的主打牌, 你会想叫 5◇, 也许能打成, 也可能是对 4♡ 很好的牺牲叫。不过, 所有北家叫的都是否定性加倍, 最低限可能只有 5 个大牌点。更糟糕的是你方有局, 如果你错了, 就会遭到代价高昂的惩罚。清晰而又正确的行动是不叫。实战桌上南家叫了不合格的 5◇。

最后的决赛直到最后一轮比分都很接近, 但这副牌给了弗朗辛·西蒙队一记重创。整手牌如下:

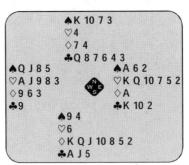

罚分高达 1100 分! 幸运的是东西可以打成局, 因此只是输了 12IMP 而不是 15IMP!

经验总结

1) 南家拿着低限牌时应该不叫。5◇只有在她拿着更好的主打牌力时才是合理的叫品,比如:

♠9 4　♡—　◇K Q J 10 8 5 2　♣A Q J 5

2) 如果南家不叫,北家也会不叫。不过,如果北家加倍,这个叫品就有着特别的含义:

同伴,我至少有邀叫牌力(通常是 11 个大牌点以上),这手牌是我们的。如果你是均型牌或者防守实力强的牌,请将我的加倍转为惩罚,我们应该能轻松打宕对手。不过,如果你拿着偏向于主打的牌,我也能接受你继续叫牌。

如果南家不叫,北家典型的加倍牌会是这样:

♠K J 10×　♡××　◇A××　♣K×××

3) 你能对团队信心和搭档关系所做的最糟糕的事情就是不守纪律任性而为。一件极其类似的事情发生在这次比赛前的一场橄榄球赛上,温尼伯蓝色轰炸机队对萨斯喀彻温驯马师队。轰炸机队第一次关键的进攻机会就因为他们一位队员在死球情况下与对手冲撞的故意犯规而被判罚。毫无必要的不遵守纪律的行动会让队友们的努力和技巧均化为泡影。

解答–牌例 53

双方有局,IMP 制,你坐南拿着:

♠Q 6 2　♡—　◇J 10 8 5 4 2　♣K J 5 2

西	北	东	南
	1♠	不叫	2♠
4♡	4♠	不叫	不叫
4NT	加倍	5♡	5♠
6♡	加倍	不叫	?

你叫什么呢?

现在我们知道些什么呢?

理论上,这是我们的牌。同伴对 **4NT** 的加倍证实了他跳叫到局是基于充足的牌力,而不是一个两可的尝试。西家有非常好的牌型。他是有局方,但还是独自叫到了六阶。他的 **4NT** 听起来像是有第二门低花,西家很像是拿着 **7-5** 套。

其他的呢?同伴已经加倍 **6♡**。他并不想叫 **6♠**。但你应该不叫吗?西家看上去拿着草花长套,而你的两张草花大牌就坐在西家的草花大牌前面。

你应该不叫。**100%**。为什么呢?同伴听到你在 **5♡** 后叫 **5♠**,没有给他表达意见的机会。在这个叫牌进程中你的叫品无疑是基于红心缺门。即使知道这个事实,北家仍然选择加倍 **6♡**。相信同伴,不叫。这手牌来自 **2014** 年加拿大队式锦标赛,我们队迎战这届比赛最后的冠军(方位已旋转):

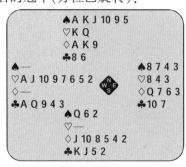

不幸的是,桌上的南家错过了这个细微的线索,也叫了错误的 6♠,宕一,平分,本来可以赢得 9IMP。

经 验 总 结

1) 记住,同伴在这个叫牌进程下的 4♠ 可能仅是只有主打牌力,如果对手在五阶上的叫牌并没有形成逼叫性不叫进程。唯一例外是当你方有局而对方无局。

2) 同伴对 4NT 的加倍是说,"我有足够成局的牌力,愿意遵从你的决定。"

3) 所有的信息都在叫牌进程之中了。这里你的 5♠ 是说,"我有额外的主打牌力,我觉得我们能打成 5♠。"

牌例 54

东西有局, IMP 制, 你坐南拿着:

♠5　♡A K 8　◇A K 9 8 7 6　♣8 7 2

西	北	东	南
	不叫	1♣	1◇
1♠	加倍¹	3♣	4♡
4♠	5◇	5♠	?

1. 表示有 5 张以上红心, 至少 2 张以上方块, 5~10 个大牌点。

你叫什么呢?

牌例 55

双方有局, MP 制, 你坐南拿着:

♠—　♡7　◇A Q J 7 6 2　♣A Q 10 4 3 2

西	北	东	南
	1♡	4♠	?

你叫什么呢?

解答-例 54

东西有局,IMP 制,你坐南拿着:

♠5　♡ A K 8　♢ A K 9 8 7 6　♣ 8 7 2

西	北	东	南
	不叫	1♣	1♢
1♠	加倍 1	3♣	4♡
4♠	5♢	5♠	?

1. 表示有 5 张以上红心,至少 2 张以上方块,5~10 个大牌点。

你叫什么呢?

我很少会在冬天打牌,我更喜欢亚利桑那州阳光的温暖。总的说来,我的桥牌水平看上去并没有因为在冬天缺乏锻炼而下降得厉害,但最近地区比赛中打的这副牌是个大例外。

我在第二次轮到我叫牌时叫出了 4♡ ,我觉得这个定约在同伴叫过金鱼草加倍之后可以打成。同伴叫 5♢,是表示有至少四张方块。我猜测他的牌型像是 3-5-4-1。然后我大概是脑袋发木了,加倍了 5♠,随后全不叫。

如果我继续思考一下这手牌,就会发现我们可能会拿到十一墩,如果由我们主打,最后打宕,即使是在七阶,−300 分也是一个很便宜的保险,如果对手能完成定约的话。同伴肯定有一些牌力,但如果他有很多的红花色牌张,他可能更多地是凭着牌型而非大牌点来叫牌。

对方能完成什么定约呢?

东家看上去至少是 3-2-1-7 牌型,而西家则至少是 7-2-2-2 牌型。他们可能会宕一。但如果他们的牌型再怪一点呢?如果东家拿着 3-3-0-7 牌型,而西家是 7-1-3-2 牌型的话,现在他们就很可能会打成满贯。如果我们首攻方块,那就是大满贯了!

整手牌如下：

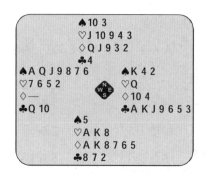

在同伴首攻草花之后，对手拿到了所有赢墩，我们得了–1250 分！即使是这个分数，我觉得我们还是会赢得 9IMP，因为我希望另一桌在六阶水平上竞叫。我们的队友可能会打 6♠加倍，完成定约而得到+1660 分。

实际上我的加倍在很多桥牌策略中都有过记载，叫做"条纹尾猿加倍"。意思是你在对手叫满贯的路上故意加倍他们的成局定约，知道这个分数会比对手叫上并打成满贯的分数要低。（如果对手再加倍，你就会像条纹尾猿一样逃跑！）

总之，我们没有那么幸运！对手让我们队友的 5♣就买单了，所以这副牌我们输掉了 12IMP。从这副牌以后，我就开始更频繁地在冬天锻炼我的大脑细胞！

经验总结

1) 不管你有多少大牌点，有着极好配合的极端牌型牌总是会让大牌点无效。

2) 一个极端牌型的暗示是你在同伴花色上有极好的配合，或者对手叫得比他们大牌点所能支撑的阶数要高。

解答-牌例 55

双方有局,MP 制,你坐南拿着:

♠ —　♡ 7　◇ A Q J 7 6 2　♣ A Q 10 4 3 2

西	北	东	南
	1♡	4♠	?

你叫什么呢?

哇,真是一手好牌! 但你叫什么呢? 这里有一个选项列表,每一个都有明确的缺陷。想一想,再决定哪一个最符合你的想法。可选项包括:

1. 4NT。

2. 5NT。

3. 加倍。

4. 5♠。

5. 5◇。

6. 5♣。

7. 6 阶低花。

1. 4NT。如果你认为这是要同伴叫出低花,那你就大错特错了(如果没有特定的搭档间约定)。这是对红心将牌的关键张黑木问叫,而并不是你想要的那种。

2. 5NT。这是对红心的大满贯逼叫,除非你们有着不同的特殊约定。

3. 加倍。这个叫品表示有 8 个大牌点以上,点力上符合要求,实战中也许是正确的。不过,对手有可能会打成 4♠(比如某人有十张坚固黑桃),而我们也很可能在低花上有铁的大满贯。

4. 5♠。是的,这是一个相当不错的叫品,但同伴还是会认为你有红心配合。

5. 5◇。这是我要叫的。我希望对手能竞叫5♠,然后我就能叫出6♣,让同伴选择一门花色。

6. 5♣。拿着相等长度和强度的两套牌时,先叫级别较高的那门花色会更好,这样你随后能叫出另一门花色,同伴可以选择,而这样并不会抬高阶数。

7. 6阶低花——相比要我去猜哪一门低花能打满贯,我更愿意赌温尼伯喷气机队能赢斯坦利杯。

整手牌如下:

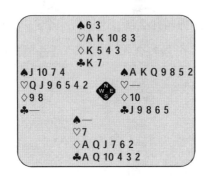

```
              ♠6 3
              ♡A K 10 8 3
              ◇K 5 4 3
              ♣K 7
♠J 10 7 4           ♠A K Q 9 8 5 2
♡Q J 9 6 5 4 2     ♡
◇9 8         N     ◇10
♣—        W   E    ♣J 9 8 6 5
              S
              ♠
              ♡7
              ◇A Q J 7 6 2
              ♣A Q 10 4 3 2
```

实战中南家叫的是5♣,我作为西家叫了5♠,北家叫6♣。同伴加倍,南家不叫,又轮到我叫牌了。同伴的叫品是莱特纳加倍,表示红心是缺门,但不一定保证有第二个防守赢墩。这副牌对手可能会有两门花色是缺门,所以我为保险起见,叫了6♠。

6♣和6◇都能打成,即使是西家首攻红心而东家将吃了。

经 验 总 结

1) 在同伴开叫,右手方在高阶做阻击叫之后,应叫人加倍是表示有可转换的
   牌力,通常有 **9** 个大牌点以上,而不是特定的惩罚性,也不是表示有很多
   张未叫高花。加倍否认对同伴花色有好的配合。一个例子是同伴开叫 1♢,
   右手方阻击叫 4♠,你拿着这样的牌会加倍:

   ♠ ××   ♡K J ×   ♢Q××   ♣A××××

2) 当你拿着两门等长花色套,面对同伴的技术性加倍时,先叫级别较高的花
   色总是更好一些。

3) 我宁愿叫出我的两门花色,就算是会更高一阶,也要确保我们能打到最好
   的花色配合上,而不要为了阶数低一阶却要去猜一门花色。

牌例 56

南北有局，IMP 制，你坐南拿着：

♠— ♡J 9 3 2 ◇A J 9 ♣A K 10 9 7 3

西	北	东	南
	2♡[1]	4◇[2]	？

1. 好的弱二。

2. 方块和黑桃。

你叫什么呢？

牌例 57

东西有局，IMP 制，你坐南拿着：

♠A K 8 4 2 ♡A ◇K J 8 5 2 ♣6 3

西	北	东	南
不叫	不叫	1♣[1]	1♠
不叫	3♠[2]	4♣	？

1. 强草花。

2. 阻击。

你叫什么呢？

解答-牌例 56

南北有局,IMP 制,你坐南拿着:

♠— ♡J 9 3 2 ◇A J 9 ♣A K 10 9 7 3

西	北	东	南
	2♡[1]	4◇[2]	?

1. 好的弱二。

2. 方块和黑桃。

你叫什么呢?

每年国际桥牌报刊协会(**IBPA**)会给年度最佳颁奖。奖项包括最佳书籍(我……暂时还没得过),最佳防守,最佳做庄和最佳叫牌。

瑞典的彼得·伯吉奥赢得了 2013 年最佳叫牌奖。这副牌发生在 2012 年 8 月在法国里尔举行的世界桥牌大赛上。在我告诉你彼得叫了什么之前,让我们看看四手牌,和另一桌上的叫牌:

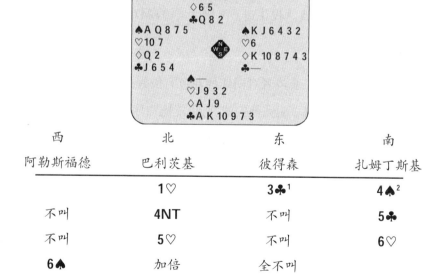

西	北	东	南
阿勒斯福德	巴利茨基	彼得森	扎姆丁斯基
	1♡	3♣[1]	4♠[2]
不叫	4NT	不叫	5♣
不叫	5♡	不叫	6♡
6♠	加倍	全不叫	

1. 黑桃和方块。

2. 排除关键张问叫。

北家误解 4♠ 为斯普林特,之后混乱因此产生。最后南北方选择了一个确定的正分,得到+100 分。在伯吉奥的桌上:

西	北	东	南
纳科维茨	科林	比勒斯	伯吉奥
	2♡[1]	4♢[2]	4♡
5♠	不叫	不叫	6♡
6♠	不叫	不叫	7♡
加倍	全不叫		

1. 好的弱二。

2. 方块和黑桃。

知道东西方有非常好的黑桃配合,伯吉奥设下了个陷阱,叫得像拿着一手长红心的弱牌。他试着用 4♡ 买单,后来的叫牌看上去都像是在牺牲对手的 5♠ 和 6♠。纳科维茨也许应该也有所怀疑了,但谁能责怪他呢? 多亏有了伯吉奥这样极富策略性的叫牌计划,瑞典队收获到了无比巨大的+2470 分。

经验总结

1) 当你有一门好的长套或者对同伴的花色有极好的配合时，要考虑叫得慢一些。这样会让对手叫完他们的牌,也能掩饰你有极佳的主打牌力。

2) 如果你不确定对手是否能打成他们所叫的定约，进行一个确定的不会输掉很多分的牺牲,就像这里的西家所做的那样。

解答−牌例57

东西有局,IMP制,你坐南拿着:

♠A K 8 4 2　♡A　◇K J 8 5 2　♣6 3

西	北	东	南
不叫	不叫	1♣[1]	1♠
不叫	3♠[2]	4♣	?

1. 强草花。

2. 阻击。

你叫什么呢?

整手牌如下(方位已旋转):

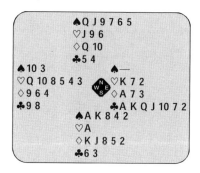

这手牌来自2014年欧洲锦标赛公开队式赛法国队对冰岛队的比赛。南家,法国的米歇尔·贝茜叫出了漂亮的4◇。这里他想要帮助同伴在对手的5♣之后做出最合理的决定。现在北家,托马斯·贝茜,在对手叫了5♣时(非方块首攻之下能打成超一),看到了他方块上大牌的价值,于是竞叫到5♠,被加倍宕一。而另一桌上,西家打红心成局定约正好完成。

经验总结

1) 这是这条原则的又一实例：如果你不知道在高阶竞叫中该做什么，那就叫出你的第二套，让同伴来做决定。

2) 就算是对手开叫了强草花，你也不应该自动屏蔽在叫牌之外，但最好是自然叫牌和建设性叫牌。

牌例 58

东西有局,队式赛,你坐南拿着:

♠K765　♡J2　◇AQ107　♣A96

西	北	东	南
			1NT¹
2◇²	2♠³	4♡	？

1. 12~14 点。

2. 红心和低花。

3. 非邀请。

你叫什么呢?

牌例 59

双方有局,队式赛,你坐南拿着:

♠J75　♡A9　◇KJ874　♣1097

西	北	东	南
	1♠	不叫	2♠
3♡	4◇	5♡	？

你叫什么呢?

解答-牌例 58

东西有局,队式赛,你坐南拿着:

♠ K 7 6 5   ♡ J 2   ◇ A Q 10 7   ♣ A 9 6

西	北	东	南
			1NT¹
2◇²	2♠³	4♡	?

1. 12~14 点。

2. 红心和低花。

3. 非邀请。

你叫什么呢?

对方有局,因此他们叫上 4♡ 是想打成。你可能有一个便宜的黑桃牺牲——事实上你面对这样的牌时也许能打成:

♠ Q×××××   ♡ ×××   ◇ K×××   ♣ —

或者

♠ A×××××   ♡ ×××   ◇ J××   ♣ ×

所以看上去你应该叫牌。但你还是有一些防守实力的。他们能打成 4♡ 吗?最大的问题在于配合的程度。如果对手是八张或者九张的红心配合,你方有很好的机会能打宕他们。不过,当他们的配合程度上升时,打成的机会也会变大。

这真是一个艰难的决定!我倾向于继续叫牌,但还有最后一个问题需要回答——我对手的风格是怎样的呢?他们是保守的还是激进的牌手?如果我不认识他们,从他们的打牌和叫牌能得到什么样的线索呢?如果这些都毫无头绪或者不适用,他们的约定卡又是怎么写的呢?比如,如果他们打弱无将(12~14 点)或者超弱无将(10~12 点),你就能推断他们喜欢冒险!但这一切现在我都没有办法知道,所以我叫了 4♠,被加倍。整手牌如下:

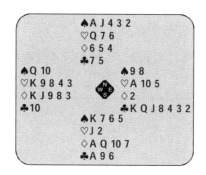

我们宕二得 -300 分，加上另外一桌的队友也判断失误了，这副牌我们输了 15IMP。

经验总结

1) 注意东家漂亮的很激进的叫牌。他觉得面对西家合适的牌时，比如：

♠×   ♡K Q×××   ◇J 10×××   ♣A×

他们就能完成一局。他的箭筒里还有第二支箭。对手可能会买一个便宜的保险并打宕。

2) 一开始我以为我犯了一个很明显的错误，但回过头来我觉得是东家用他出色的 4♡ 叫品给我施加了很大压力，从而创造了这个结果。

3) 下次我再对抗这对牌手时我就会有一些经验了，这样我也许就可以在牌桌上加以应用了。

解答-牌例 59

双方有局,队式赛,你坐南拿着:

♠J75　♡A9　♢KJ874　♣1097

西	北	东	南
	1♠	不叫	2♠
3♡	4♢	5♡	?

你叫什么呢?

第一个你需要回答的问题是,这是不是一个逼叫性不叫进程。如果是你方有局而对方无局,那绝对的。不过,同伴可能只是基于牌型在叫牌。不管他的牌力如何,他正在尝试让你来做出正确决定。所以放过5♡是可行的。

接下来,让我们结合我们所知道的信息来看看我们的牌。我们有质量一般的黑桃配合,但方块配合很好。我们还有对方花色上的第一轮控制,对着同伴的短套。

让我们更仔细地看看红心套。桌上分布会是怎样的呢?我猜是6-5-2-0。有局方时西家的三阶争叫很有可能是六张套。东家一定有五张红心,否则他没必要跳叫到五阶。尽管方块很好,♡A却浪费了。更要命的是,同伴还有两三张草花,而你的持牌也是最糟糕的情况,三张小草花。此外,从主打来看,如果打黑桃将牌,当你们的方块是5-5配合时,没有什么机会能用方块垫掉草花,这很有可能。但可能有一个草花输墩可以垫在♡A之下。所以问题就是,不叫还是加倍呢?

如果这是逼叫性不叫进程,很显然你现在应该不叫。但就算不是,我还是认为不叫是正确的。如果同伴加倍,他可能会有一张红心。不管怎样,你都应该不叫。如果同伴继续叫牌,他们也许能打成。这个决定十分艰难。整手牌如下(方位已旋转):

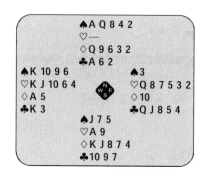

这手牌出现在 2012 年世界智力运动会决赛波兰队对瑞典队的比赛里。波兰队的南家叫了 5♠，结果被加倍-800 分。如果他不叫，同伴可能会不叫或者加倍，收获+100 或+200 分。另一桌上的叫牌是这样进行的：

西	北	东	南
扎克	阿勒斯福德	扎伦巴	彼得森
	1♠	不叫	2♡[1]
加倍	4♠	5♡	不叫
不叫	加倍	全不叫	

1. 8~15 点，混合加叫。

注意这个叫牌进程看上去很像，但其实不一样。彼得森相比另一桌的南家，承诺了一手更好的牌。而且他还不知道方块是配合的。所以他有一个简单的不叫，当同伴加倍后再次不叫。结果这副牌瑞典队净赚了 14IMP。某种程度上波兰队在这副牌上的结果并不走运。第一个叫牌进程中波兰队的北家叫出了精彩的 4♢ 叫品，如果同伴的 ♡A 换成 ♠KJ，那么 5♡ 和 5♠ 都能打成，这样的话 14IMP 就很可能是被波兰队赢到了。

经 验 总 结

1) 当一方开叫而另一方表明是应叫的低限牌之后,没有逼叫性不叫。同伴能做的要么是加倍,要么就承认这副牌的成局定约属于对手,通常在下次他们有机会叫牌时,能建立起逼叫进程。

2) 当你在五阶水平上参与竞叫,介绍一门新花色能够让你的同伴加入决策,通常都会有一个明确的选择。

3) 时刻记住,当同伴的牌型很好时,你在对方花色上的 A 很可能就是浪费的,因为同伴很有可能是缺门。

4) 要尽可能表示出你的牌力——在叫牌进程中越早越好。

牌例 60

双方有局, IMP 制, 你坐南拿着:

♠— ♡J752 ◇A5 ♣KQ109732

西	北	东	南
1♠	2◇	4♠	5♣
5♠	加倍	不叫	?

你叫什么呢?

牌例 61

双方无局, IMP 制。你拿着:

♠QJ ♡K10 ◇KQ975 ♣Q1064

西	北	东	南
1♡	4♠	不叫	不叫
5♣	不叫	5♡	?

你叫什么呢?

解答-牌例 60

双方有局,IMP 制,你坐南拿着:

♠— ♡J 7 5 2 ♢A 5 ♣K Q 10 9 7 3 2

西	北	东	南
1♠	2♢	4♠	5♣
5♠	加倍	不叫	?

你叫什么呢?

在你做出叫牌决定之前有很多信息可加以分析。同伴和对手有什么牌呢?

北家不是凭借有很多黑桃做的加倍。他有些防守实力,没有草花配合。所以他有一张到三张黑桃,零张到两张草花;这就意味着他有很多红花色的牌张。他全部的黑花色牌张可能是估算范围中偏少的情况,因为对手最后的两次叫牌暗示他们有额外的黑桃张数,也肯定是有额外牌型的。

正如这本书前面所提到过的,牌型能使大牌变得无用。越是极端的牌型(和配合),你就越不能根据你手里的 A 或 K 来计算得墩数。如果一定要我来猜,同伴看上去红花色很像是 7-3 的。西家很可能是黑桃套和另一门花色,5-5 或者 5-6,而东家有着很好的低花牌型来支撑他的 5♠ 叫品。

看一下你的牌,你就能知道 5♠ 是可以轻松打成的。同时你有非常好的机会能完成五阶或六阶定约。我认为在所有这些牌例之中,这副牌 100% 是应该要继续叫牌的。但叫什么呢?

我的选择是 5NT。当没有明确配合的花色时,那就是让同伴在两个合理花色中进行选择,这里是方块和草花。2013 年美国桥牌联合会杯决赛是由弗莱舍队迎战尼克尔队,弗莱舍队的南家非常非常幸运,他最后决定不叫,防守 5♠ 加倍定约。整手牌如下(方位已旋转):

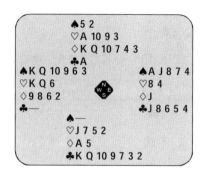

首攻♣A 之后,庄家送出一墩方块,赢进北家的将牌回攻。双明手之下本可以打成,但最后结果宕一。另一桌上的叫牌进程稍有不同:

西	北	东	南
1♠	加倍	4♠	5♣
5♠	加倍	不叫	6♣

全不叫

只看两手牌的话,运气好时即使是 7♣ 看上去也是合理的,但在极端的牌型分布之下(叫牌进程中其实已经暗示),庄家甚至都不能完成 6♣,最后宕一。这副牌幸运得到的 7IMP 引领着弗莱舍队走向胜利。

经验总结

1) 这不是一个逼叫性不叫进程。只有在南北方有局对东西方无局时才是。

2) 极端牌型提高了双方完成高阶定约的可能性。正是因为这个原因,很多时候花些"保险",抢过来主打更为明智。

3) 两边的北家都在五阶上做了加倍。这个加倍的作用是提供信息,有着特别的含义。加倍并不是要求同伴不叫或叫牌,而是让他结合自己的持牌和叫牌进程选择最合适的叫品。

解答-牌例 61

双方无局,IMP 制。你拿着:

♠Q J　　♡K 10　　◇K Q 9 7 5　　♣Q 10 6 4

西	北	东	南
1♡	4♠	不叫	不叫
5♣	不叫	5♡	?

你叫什么呢?

这副牌出现在 2014 年三亚红牛世界桥牌大赛混合团体赛的第二轮上,由戈塔德队迎战神奇队。要回答这个问题你必须仔细分析这手牌,然后在叫牌之前问问自己几个关键的问题。

现在你已经知道西家有很长的两套牌,可能是 6-5 或者更好。但东家似乎并没有因为这个进程而感到兴奋,很难看出他与西家的配合程度,因为西家的大牌实力也并不清楚。看看你的牌,你对同伴的黑桃有着非常好的配合,而这预示着你应该叫得更多一些。不过,尽管你有 13 个大牌点,但没有 A,我很怀疑你方能打成 5♠。

那红心又如何呢? 好,我们来数数赢墩。这很简单。看上去他们能打成 5♡,你可能应该叫 5♠。在你这么做之前,你必须问问自己几个问题,这些问题是在高阶竞叫进程中你一直都要问的:

"我是否知道如果对手叫上 6♡,我该怎么办吗? "

答案是不。尽管有可能会得一墩到两墩,对手的满贯很有可能打成。

所以正确答案是不叫。整手牌如下:

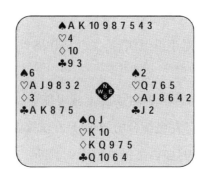

实战中南家叫了 5♠,很幸运的是对手没有继续叫牌。东家可以说是非常保守。东西方的防守和叫牌一样保守,只打宕 5♠ 一墩,得到了+100 分。而在另一桌上,叫牌是这样进行的:

西	北	东	南
1♡	4♠	5♡	加倍
全不叫			

防家只拿到了一墩黑桃,-750 分,这副牌戈塔德队赢到了 12IMP。

这是一手很难的牌,并不是因为东家严重低估了他的牌值,叫得过于保守。北家看上去有八张黑桃,可能有 2-3 张方块,这样的话对手就会有很好的红心配合。西家的两个长套有可能是 7-5,你们的防守实力不足以打宕定约。面对这样一手牌,"正确"的行动不是很容易决定的,还有很重要的一点是:成功概率高的行动并不意味着总是有用的。

经验总结

1) 总是要自问,如果对手继续叫牌,尤其是在满贯阶数上,你是否知道应该做些什么。

2) 东家应该在 5♣ 之后叫 5◇(实际上我可能会直接叫 6♡)。这绝对不是自然叫,而是对同伴花色配合的扣叫,是在试探满贯。

3) 在另一桌上,南家的加倍是极其错误的判断。在五阶或更高的阶数上,大牌并不意味着一定能得着墩;只有 A(有时候)和确定的将牌赢墩才能算数。南家想在草花上得一墩到两墩的可能性是个幻觉,因为他应该预见到明手至少有两张将牌可以用来将吃草花。

4) 北家的牌确实很难处理,打黑桃定约可能会拿到九墩。我认为第二桌的南家应该继续叫 5♠,因为同伴的加倍只是表示有一定牌力。

牌例 62

东西有局, IMP 制。你拿着：

♠K　♡Q 9 8 7 6 3　♦6　♣10 9 8 7 5

西	北	东	南
	1♣	1♦	1♡
1♠	加倍[1]	2♠	4♡
4♠	5♣	5♦	？

1. 三张红心支持。

你叫什么呢？

解答-牌例 62

东西有局, IMP 制。你拿着：

♠K　♡Q 9 8 7 6 3　♦6　♣10 9 8 7 5

西	北	东	南
	1♣	1♦	1♡
1♠	加倍[1]	2♠	4♡
4♠	5♣	5♦	？

1. 三张红心支持。

你叫什么呢？

这副牌出现在 2014 年世界锦标赛混合团体赛上。整手牌如下(方位已旋转):

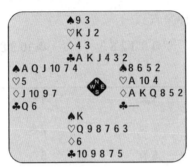

这副牌在循环赛中的很多桌上都产生了大输赢。在印尼国家石油公司蓝队对罗萨德队的比赛中,其中一桌的叫牌进程就如上面所示。北家叫出了一个很好的 5♣ 叫品,告诉同伴他有好的长套,给出了一个五阶可打的花色选项。我觉得南家正确的叫品十分简单,不知道你是否想过——不叫。是的,你有一个很好的牺牲叫,但你对着一手有很多大牌点的花色定约并没有什么防守实力。同伴开叫了 1♣,也支持了红心。看上去双方都有很好的两门花色配合。你的单张 ♠K 在叫出黑桃的人的上家。所以不要牺牲,最好的行动是不叫,希望对手不再叫牌。实际上罗萨德队的南家叫了 6♣,对手跟进 6♢,同伴加倍,庄家打出一个超墩而得了 +1740 分! 而在另一桌上,叫牌是这样进行的:

西	北	东	南
	2♣	2♢	5♣
5♢	不叫	不叫	6♣
加倍	全不叫		

6♣ 加倍宕三,-500 分,印尼国家石油公司蓝队赢得 15IMP。5♣ 是个非常好的叫品,它防止了西家叫出黑桃,也使南北方没有机会表示出有红心配合。没有了这些信息,西家真的就无法鉴别出他这手牌的主打价值。

注意这个叫品在如上所示的打强草花(或者弱无将)体系中更容易叫出。在幸运星队对萨尔沃队的比赛中,两桌的叫牌是这样进行的:

牌桌 1

西	北	东	南
	1♣	1◇	2♡[1]
2♠	3◇[2]	4♠	不叫
不叫	5♣	5♡	不叫
5♠	全不叫		

1. 5 张以上红心, 4 张以上草花。

2. 红心支持。

在我看来, 幸运星的东家过于低叫了。他有一个坚固套, 在其他所有三门花色上都有第一轮控制, 而且还有四张黑桃将牌支持。我拿这手牌会逼叫到 6♠。无论如何, 这个叫品价值+710 分。

牌桌 2

西	北	东	南
	1♣	1◇	2♡
4♠	5♡	6♣	不叫
6◇	不叫	6♡	不叫
6♠	全不叫		

一旦西家跳叫到了 4♠, 东家就有理由去寻找大满贯。不过, 即使只叫到六阶也能为萨尔沃队赢得 13IMP。

第7章　建设性叫牌

建设性叫牌是一条双向车道。当你给同伴传递关于你牌的详细信息时,对手也在聆听。要权衡与同伴分享信息的好处和可能帮助对手防守的坏处。话虽如此,以我的经验来看,在建设性叫牌进程中对同伴说实话更为重要。其他关于建设性叫牌的技巧包括:

表明你的短套

这是评估你的牌与同伴整手牌配合程度的最佳方式。通常可以通过斯普林特来表示。但还有其他的方法:

* 叫第三门碎片套,这样短套就是在第四门花色里。
* 在逼叫性不叫进程中不叫(参见前一章高阶竞叫)。
* 叫技术性加倍而不是叫出你的套。尽管并不保证是单缺,但也暗示了有很大的可能性。

有选择时,尽量自然叫而不是扣叫

用"自然叫"来描述你的牌型和牌力比模糊的扣叫要好得多。

在选择叫品前,采纳所有可用的推论

不仅要从同伴的叫牌中做推理,也要从他本来可能而最后没有叫的叫品中做推理。关于对手的行动也要做如此推理。正确推理可靠牌手的作为和不作为能够得出很多结论。我知道你不会忘记这个,但不管怎么说我还是要提醒一下——要考虑局况。

不要无谓地占据叫牌空间

很多时候你有很多需要描述的信息。控制,额外的牌力,额外的长度,以及对同伴的配合等等——你应该听懂了。如果可以的话,要尽量保留叫牌空间,尤其是对手还没有进入叫牌进程的时候。

同伴必然也会面临同样的问题, 在叫牌还没有太高的时候, 需要有额外的空间来表示所有的信息。一个简单的例子——你坐南拿着:

$$♠AK××× ♡× ◇K×××× ♣K×$$

叫牌进程如下:

西	北	东	南
		不叫	1♠
加倍	再加倍	2♡	?

你可以叫 3◇,但为什么要剥夺同伴的叫牌空间呢? 首先,他可能想惩罚加倍 2♡。或者他能叫 2NT,随后你可以叫出 3◇。或者他拿着:

$$♠Q× ♡K×× ◇A× ♣AQ××××$$

如果你叫 3◇,同伴很可能会以 3NT 结束叫牌进程。不过,如果你不叫,叫牌就可以轻松地发展成下面这样:

西	北	东	南
		不叫	1♠
加倍	再加倍	2♡	不叫
不叫	3♣	不叫	3◇
不叫	3♠	不叫	4♣
不叫	4◇	不叫	4♡
不叫	6♣	全不叫	

叫出你的大牌位置

有时候你"正常"叫出了一门花色但你在这门花色上却没有什么大牌。在一阶应叫时你通常别无选择,但有些时候你是可以有选择的。这里用两个例子来说明我的观点:

例1:

♠ ×××× ♡ A× ◇ K×××× ♣ A K

同伴开叫 1◇。是的,你可以应叫 1♠,但我更倾向于低花加叫的进局逼叫。为什么呢?如果你先应叫黑桃,而后试探方块满贯的话,同伴会低估其单张黑桃的价值,而会高估其黑桃 Q×(×) 的价值。这却是你所不想看到的!

应叫 1♠ 还有其他问题。如果同伴加叫黑桃,你们就会打 4-4 甚至 4-3 配合的弱将牌定约。更进一步看,你几乎不可能再去显示你有极好的方块配合了,而任何的方块加叫都会在更高的阶数上进行,很可能是在第四花色逼叫之后。最后,对手可能会干扰,也可能会阻击,那样的话你们双方都要猜测。

例2:

♠ × ♡ A×× ◇ ××××× ♣ A K J ×

西	北	东	南
	1♡	1♠	?

叫 2♣,而不是 2◇。理由和例1一样。

牌例 63

IMP 制,你是第二家,你方有局而对方无局。东家不叫,你们打 14~16 点的无将,你拿着:

♠ Q 4   ♡ A Q   ◇ K Q 7 6 3 2   ♣ 5 4 3

你开叫什么呢?

牌例 64

双方无局,MP 制,你坐南拿着:

♠ A 4   ♡ A 1 0 9 5   ◇ K J 7   ♣ A K 6 2

西	北	东	南
		不叫	2NT¹
不叫	3♠²	不叫	?

1. 20~21 点。

2. 表示有一门或两门低花。

再叫 3NT 是表示拿着一手没有满贯兴趣的牌,叫出四阶低花表示有四张套,至少有些满贯兴趣。你叫什么呢?

解答-牌例63

IMP制,你是第二家,你方有局而对方无局。东家不叫,你们打14~16点的无将,你拿着:

♠Q4　♡AQ　◇KQ7632　♣543

你开叫什么呢?

我总是开1◇。这种牌型不是无将牌型。7-2-2-2和5-4-2-2也都不是无将牌型。当然有些时候你可能会拿着这样的牌开叫1NT:

1. 你正在试图歪曲你的牌型而故意这样叫牌。要么你在一场比赛中已经落后很多,要么你们正在对抗一支更厉害的队伍,或者是因为你不喜欢你的同伴。

2. 你的大牌位置很极端。一个可能的例子是:

♠Q×××　♡AQ　◇KQ　♣×××××

即使这样,这手牌我仍然会开叫1♣,因为我的第二套是黑桃。如果我拿着:

♠AQ　♡Q×××　◇KQ　♣×××××

我就会开叫1NT,因为如果我不那样做的话,我在1♠应叫之后就得叫2♣了。

我知道在桥牌出版物中有很多这样用来证明歪曲牌型的无将开叫的成功例子。但我猜测这种处理方式会有更多失败的例子。下面就是一个。这副牌出现在2103年美国队式选拔赛钻石队对大器晚成队的一场比赛中。整手牌如下(方位已旋转):

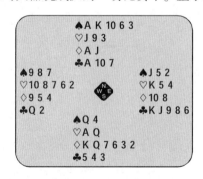

大器晚成队的沃森和费尔德曼有着这样漂亮的进程：

西	北	东	南
		不叫	1◇
不叫	1♠	不叫	2◇
不叫	3♣	加倍	不叫
不叫	4◇	不叫	4♠
不叫	5♣	不叫	5♡
不叫	6◇	全不叫	

这个非常好的满贯，当黑桃是 3-3 分布时打成超一。而钻石队的那对选手却没能做得这么好。他们的叫牌进程是：

西	北	东	南
		不叫	1NT
不叫	2♡	不叫	2♠
不叫	4NT	全不叫	

南家认为他是最低限的点力，没有接受邀请，而在我看来，这副牌他们输掉 12IMP 是咎由自取。尽管大牌点是低限，我还是会接受邀请，指望同伴有着可接受的方块持牌。另外，有同伴黑桃花色上的 Q 也会促使我叫上满贯。话虽如此，也许还有其他我不知道的原因，让这位特别的专家牌手没有接受他同伴的邀请。

经验总结：

1) 当你开叫 1NT 时，这应该是建设性的，通常你的牌应该是 4-3-3-3，4-4-3-2 或者 5-3-3-2 牌型。

解答-牌例 64

双方无局,MP 制,你坐南拿着:

♠ A 4　♡ A 10 9 5　◇ K J 7　♣ A K 6 2

西	北	东	南
		不叫	2NT¹
不叫	3♠²	不叫	?

1. 20~21 点。

2. 表示有一门或两门低花。

再叫 3NT 是表示拿着一手没有满贯兴趣的牌,四阶低花表示有四张套,至少有些满贯兴趣。你叫什么呢?

虽然只有 19 个大牌点,你还是开叫了 2NT,而打 MP 制比赛时越过 3NT 是很危险的。但你有四张低花和很好的大牌结构,所以这手牌你开叫了 2NT 也无可厚非。4♣ 是正确的叫品。你拿着一手非常棒的牌,高花都有 A,低花也都有大牌,另外黑桃还是双张。

同伴也拿了一手很好的牌:

♠ 2　♡ K Q 8　◇ A Q 8 4 3　♣ Q 9 5 4

他在询问关键张之后,轻松地叫到了非常好的大满贯。

经验总结

1) 如果对于你的叫品而言你是低限,甚至是开叫的最低限,你也不要主观认为你就是低限牌。比如:

♠ ×　♡ × × ×　◇ A 10 × × ×　♣ A Q × ×

如果你方有低花配合,这就是一手非常好的低限开叫牌,尽管你只有 10 个大牌点。

2) 在 MP 制比赛里主动越过 3NT 是表明你有满贯兴趣,比相同叫牌进程打 IMP 制比赛的满贯兴趣更大。理由是你在队式赛中总能停在五阶低花上,而不必担心你得+400 分比对手得+430 分会输掉一个 IMP。

牌例 65

南北有局, IMP 制, 你坐南拿着:

♠J 10 8 2　♡Q J 9 3　♢J 4　♣K 10 9

西	北	东	南
	1NT[1]	不叫	2♣
不叫	2♢	不叫	?

1. 15~17 点。

你叫什么呢?

牌例 66

双方有局, IMP 制, 你坐南拿着:

♠K 9　♡A 8 6 3 2　♢Q 3　♣A K 10 3

西	北	东	南
	1♠	不叫	2♡[1]
不叫	4♡	不叫	?

1. 进局逼叫。

你叫什么呢?

解答-例 65

南北有局,IMP 制,你坐南拿着:

♠ J 10 8 2　♡ Q J 9 3　◇ J 4　♣ K 10 9

西	北	东	南
	1NT¹	不叫	2♣
不叫	2◇	不叫	?

1. 15~17 点。

你叫什么呢?

同伴已表明有 15~17 点,没有四张高花。你有八张高花,所以联手最多 25 点。这是个大多数牌手会停止分析的节点,他们会叫出 2NT 做邀请,要求同伴在持高限牌时叫到局。还会有一些特别保守的牌手甚至会直接放过 1NT。

桥牌判断力是要将我们的知识运用到实际之中。这里你这手牌的亮点不是牌点,而是你持牌的"躯干"。你有双高花,两门花色的质量都非常好,草花持牌也很好。我相信正确的叫品是 3NT。从另一个角度来看,同伴通常可能会因为担心高花而不接受邀请。实战中我叫的是 2NT,同伴不叫。他的牌是:

♠ K 3　♡ A 8 2　◇ A Q 3　♣ Q J 8 7 2

他打成了四无将。这是一个好的成局定约吗? 在 IMP 制赛里肯定是的。即使是 MP 制比赛,尽管很接近不叫,我还是觉得值得一试。

经验总结

1) 你要考虑你的花色套的中间张和有价值的连接张——不只是 **QJ109**，也包括 **10987**。你可以比较一下 **K1098** 和 **K543** 的牌值差别。

2) 当你做了一个邀请叫品，试着设想一下同伴可能会面临的难题。比如，如果你邀叫进局或者满贯，而你在将牌花色上有 **AKQ×**，同伴拿着弱将牌时是绝对不会接受邀请的。

3) 没有明显弱点的时候防守会更加困难。这就体现出中间牌张的价值。中间张经常可以：

* 提供额外挡张，

* 防止对手攻击这门(这些)花色，以及

* 让对手陷入终局打法。

解答-牌例 66

双方有局, **IMP** 制, 你坐南拿着:

♠K 9　♡A 8 6 3 2　♢Q 3　♣A K 10 3

西	北	东	南
	1♠	不叫	2♡¹
不叫	4♡	不叫	？

1. 进局逼叫。

你叫什么呢?

第一个问题是要判定同伴直叫 4♡ 的含义。在进局逼叫的叫牌进程中直接跳叫到局是不鼓励继续叫牌的。如果这是开叫人的第二次叫牌,这表示他是一手没有多大价值的绝对低限牌。这里北家开叫过,他有红心支持,但整手牌很差。

不过你还是有很好的 **16** 个大牌点,在同伴的花色黑桃上有 ♠K×。你应该继续叫牌吗?除了 ♢Q,你的其他大牌都是顶级的 **AK**。但有一个很清楚的线索能引导出正确的答案。你缺了四个关键张——两个 A,♡K 和 ♡Q。如果同伴有其中三个的话,你觉得他会不鼓励叫满贯吗?不会的!所以唯一的叫品就是不叫。同伴的牌是:

♠A Q 7 4 2　♡J 7 4　♢K 7 4 2　♣5

经 验 总 结

1) 在进局逼叫的叫牌进程中直接跳叫到局是不鼓励继续叫牌的。

2) 拿着北家的牌不要开叫 1♠。你总会有机会进行争叫,这样就不会冒着同伴认为你拿着好牌的风险。

3) 要考虑六个关键张(四个 A,以及将牌 K 和 Q)。通常你需要其中的五个才能叫上满贯。试着根据同伴的叫牌来推测他是否拿着打满贯的足够数量的关键张。

4) 这里北家的三张简单加叫至少是有轻微的满贯兴趣。我还喜欢用加叫 3♡ 来否认有单缺,如果拿着正常开叫牌:

♠A Q 7 4 2　　♡K 7 3　　♢K 7 4 2　　♣5

我会在 2♡ 后叫 4♣,斯普林特,表示草花是单缺。

牌例 67

南北有局, IMP 制, 你坐南拿着:

♠J 10 ♡A 10 ◇K Q 9 7 2 ♣A K Q 7

西	北	东	南
1♠	不叫	1NT	加倍
2♠	不叫	不叫	3◇
不叫	3♠	不叫	?

你叫什么呢?

牌例 68

东西有局, MP 制, 你坐南拿着:

♠A K Q 10 6 2 ♡3 ◇Q 2 ♣Q 9 4 3

西	北	东	南
不叫	1♡	不叫	1♠
不叫	2♣	不叫	2◇
不叫	2NT	不叫	?

你叫什么呢?

解答-牌例 67

南北有局,IMP 制,你坐南拿着:

♠ J 10　♡ A 10　◇ K Q 9 7 2　♣ A K Q 7

西	北	东	南
1♠	不叫	1NT	加倍
2♠	不叫	不叫	3◇
不叫	3♠	不叫	?

你叫什么呢?

我觉得这手牌是一个很好的建设性叫牌的例子——试着决定叫到多高。南家的第一次加倍是表示有一手好的开叫牌。他的 3◇ 表明是一手比简单争叫 2◇ 要好得多的牌。这手牌接近这个叫牌序列的低限。你的同伴用扣叫加入了叫牌。他有什么牌呢?

首先,他肯定有方块支持。否则他会不叫,叫出一门新花色或者叫 3NT。牌力如何呢? 他可能有一个确定的赢墩。3♠ 有什么特别的含义吗? 是的,他可以叫 4◇,但他也许还是想先看看能不能打 3NT,如果你有黑桃挡张的话。你应该叫什么呢? 4◇。这已经足够高了。同伴这样叫是为了照顾到你可能拿着这种牌:

♠ A×　♡ K×　◇ K Q J×××　♣ A K×

或者:

♠ ×　♡ A 10　◇ K Q 9 8 7 2　♣ A K Q 7

实际上同伴拿着:

♠ ××　♡ J 9××　◇ A××　♣ 10 9××

4◇ 很容易打成。

经 验 总 结

1) 记住,要根据叫牌进程来做决定。这里你的牌是"加倍后叫 3◇"的低限,这就是为什么 4◇ 是正确的原因。

2) 北家的牌对于他之前不叫过而两个对手都在叫牌的情况下已经是高限了。他的 3♠ 是个非常好的叫品,传递出了以上信息。

解答-牌例 68

东西有局,MP 制,你坐南拿着:

♠A K Q 10 6 2　♡3　◇Q 2　♣Q 9 4 3

西	北	东	南
不叫	1♡	不叫	1♠
不叫	2♣	不叫	2◇
不叫	2NT	不叫	?

你叫什么呢?

这手牌出现在 2013 年加拿大公开双人锦标赛的两轮排位赛中。让我们看看你能不能做得比我更好。

你有很好的一手牌,非常好的六张套。而且,同伴再叫的花色是你的第二门长套。现在是在第四花色逼叫进程中你需要澄清自己牌型的关键时刻。你有以下选择:

1. 叫 3NT(比赛分,比赛分,比赛分)。

2. 叫 3♣,说明你有草花配合和满贯兴趣。

3. 叫 3♠,说明你有六张以上的黑桃,以及至少轻微的满贯兴趣。

叫 3NT 有可能对也可能错。同伴很可能是 1-5-3-4 牌型,而你有很好的赢墩来源。不过,黑桃可能打不通,而你并没有确定的边花进手。所以我不会叫 3NT,尤其是在排位赛中。

叫 3♠ 是告诉同伴你的黑桃套好到面对其单张也能作为将牌花色。这个叫品很好地描述了你的牌,不逼叫到满贯,允许同伴舒舒服服地继续描述他的牌。

最后,3♣ 是可行的,但你有一些软点。这是我最终选择的叫品,而且因为自己这手牌不够好而付出了沉痛代价。整手牌如下:

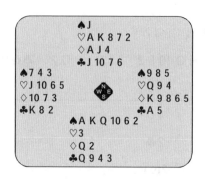

在 3♣ 之后,同伴叫了 4◇,关键张黑木。当我答叫 4♡ 表示只有一个关键张时,他知道我们没有满贯,合理地赌不叫(我们没有深入讨论过这种叫牌进程中 4NT 的含义)。结果 4♡ 宕一,我俩得了 0 分。理论上我认为 3♠ 是绝对正确的,实战中也会是正确的。

经验总结

1) 在双人赛中打低花定约通常只会让你得到极少的比赛分。

2) 在 MP 制比赛里要更加保守,尤其是在排位赛阶段。

3) 我喜欢这么约定,当明确一门低花的配合之后,在 IMP 制比赛里 4NT 绝对不是止叫,但在 MP 制比赛里是止叫。

牌例 69

东西有局,IMP 制,你坐南拿着:

♠A　♡K Q 6 2　◇A K Q 8 7 3 2　♣K

你是发牌人。你叫什么呢?

牌例 70

双方无局,MP 制,你坐南拿着:

♠—　♡A Q J 9 7 4　◇K 7 4　♣K Q 6 2

西	北	东	南
		不叫	1♡
不叫	2♣¹	加倍	?

1. 进局逼叫。

你叫什么呢?

解答-牌例 69

东西有局,IMP 制,你坐南拿着:

♠A ♡KQ62 ◇AKQ8732 ♣K

你是发牌人。你叫什么呢?

尽管很多专家牌手喜欢扩大一个叫品的界限，但我不是其中之一。尤其是当我面对一手很破的牌时总是把成局的机会先留给 3NT。所以你开叫了强 2♣,同伴叫 2◇,等待叫但也是进局逼叫。那现在叫什么呢? 3◇总是不会错的,尽管会由错误的一方来主打 3NT。而且,万一有满贯希望,你需要表示出你的牌型。

当强 2♣ 的开叫人的最长套是方块时，结果通常会导致一个很糟糕的叫牌进程。一个问题是当同伴加叫方块(一种有用的做法是跳叫到三阶高花表示这门花色有四张,还有五张以上方块。)时你经常会错失 4-4 甚至 4-5/6 的高花配合。同伴现在叫 3♠。然后该怎么办呢? 好吧,如果没有事先约定的话,这是表示有五张套,同伴也许还否认了对方块有基本的配合。

为什么呢? 简化强 2♣ 的叫牌进程总会更好。所以如果拿着:

♠KJ××× ♡×× ◇××× ♣Q××

我会简单加叫 4◇,尤其是打队式赛时。

实际叫牌进程中你在 3♠ 之后有两个选择:3NT,放弃满贯,或者 4◇。最后的这个叫品是说:"方块作为将牌。扣叫你最低级别的 A 或 K。"因为黑桃很可能有浪费的大牌,不确定明手是否有进手。我会在打 MP 制比赛时放弃满贯,而在队式赛时会抛硬币决定。再说一遍理由就是打队式赛时,你不必担心在打最高得分定约时有什么压力(比如 3NT)。

如果同伴拿着♡A,打队式赛时你的牌是非常好的。叫 4◇。如果同伴扣叫 4♡,你就叫满贯,希望他还有黑花色的 K、♡J 或者红心短。如果同伴扣叫♠K 或♣A,或者叫 5◇表示没有 A 和 K,那你就简单止叫于 5◇。同伴实际上是拿着:

♠ 9 7 6 4 2　　♡ A 5　　◇ 6　　♣ Q 10 7 4 3

于是这个很好但又非常难叫的满贯就这样叫到了。

经 验 总 结

1) 在你决定是否拿着边缘牌在一阶或二阶上开叫时，问问自己是否面对零点牌也能打某个成局定约？如果是的,那就开叫强 2♣。

2) 当你开叫强 2♣,你失去了整整一轮的叫牌空间。因此在这类叫牌进程中有几个需要重点考虑的因素：

   a) 在描述你的牌型之前,你先要有一个怎样利用叫牌空间的初步计划。

   b) 因为确定花色配合通常会出现在四阶，所以绝大多数的叫牌进程都应该被认为是逼叫一轮。

   c) 3NT 通常是表达对同伴的配合程度,不一定是个必输的叫品。如果你有足够的额外牌力,在叫牌进程中,你可以做其他的自然叫。

3) 当开叫人再叫他的花色将其确定为将牌时，同时也是命令应叫人开始表示最低级别花色上的第一轮或第二轮控制。

解答-牌例 70

双方无局,MP 制,你坐南拿着:

♠ —　♡ A Q J 9 7 4　◇ K 7 4　♣ K Q 6 2

西	北	东	南
		不叫	1♡
不叫	2♣¹	加倍	?

1. 进局逼叫。

你叫什么呢?

叫 3♣。这副牌出现在本地最近一次的复式比赛中,而一些牌手在建设性叫牌中遇到了问题。

叫 3♣是很明显要做的事情。你不必跳叫,因为你们已经是在进局逼叫的叫牌进程中了。另一个选项是先再加倍然后再支持草花。不过,这是很不明智的。首先,黑桃缺门预示着你的下一次叫牌很有可能会到五阶上了。其次,同伴可能会误解你再加倍的意图。比如,如果你和北家的牌严重失配,就像这样:

♠ K Q 6 2　♡ A Q J 9 7　◇ K 9 7 4　♣ —

你可能想要尝试去惩罚对手,而再加倍就正好能用来传递这个信息。

另一个显示配合的方法是斯普林特,这里就是叫出 3♠。你同样也是在快速地推进叫牌进程,因为你的缺门,而你真正想要的是最大化地利用叫牌空间来和同伴交流信息。实际上整手牌如下:

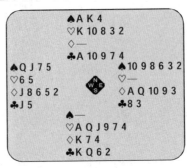

一个建议的叫牌进程是：

西	北	东	南
		不叫	1♡
不叫	2♣¹	加倍	3♣²
不叫	3♡³	不叫	3♠⁴
不叫	4♣⁵	不叫	5♣⁵
不叫	5NT⁶	不叫	7♡⁷

全不叫

1. 进局逼叫。

2. 初次确定将牌。

3. 红心配合，重新设定这门花色为将牌。

4. 扣叫，同意将红心作为将牌，表示有第一轮控制。如果南家还是想将草花作为将牌，那他就要叫 4♣，而不是 3♠。

5. 扣叫。

6. 大满贯逼叫。北家知道南家的黑桃是缺门，所以南家即使有草花输张也可以垫在北家的♠A 和♠K 之下。

7. 三个红心顶张大牌中有两个。

经验总结

1) 不要低估尽早确定将牌花色的重要性。

2) 除非你的牌是开叫的最低限（由于你有一些或者通过叫牌你识别出一些对主打没有价值的大牌），否则没有必要在进局逼叫的叫牌进程中做跳叫。

3) 当你有缺门时，探查满贯就很困难了。我相信扣叫和大满贯逼叫是比排除关键张黑木更好的选项。

4) 像上面这个叫牌进程，当两门花色都叫过并且也都被加叫过，那最后一个加叫的花色就是将牌。唯一例外是另一个人立即叫回第一门将牌花色。所以在上面这个叫牌进程中，北家除了 3♡ 以外的叫品都是确认将草花作为将牌。同样的，在 3♡ 之后，南家可以叫 4♣，坚持以草花作为将牌——而任何的其他叫品，比如这里叫出的 3♠，都是确认将红心作为将牌。

第8章 满贯叫牌

这无疑是我最喜欢的主题之一。我认为成功的满贯叫牌是一门艺术。从第一次叫牌开始，看到这手牌的潜力。然后每位同伴都要寻找用来交流持牌的方法，同时也要注意查看缺陷在什么地方。在这个关键时刻其中的一位牌手要成为主导叫牌的队长，知道谁应该成为队长非常重要。最后，要得出结论，而明手则是在焦急地等待结果。正如你所见，前一章的建设性叫牌与本章的满贯叫牌肯定会有重叠的部分。

这里有一些建议，可防止你们陷入那些很多牌手在探寻满贯的路上会掉进去的陷阱：

简化叫牌进程

很多牌手会掉进去的一个陷阱是没有加叫同伴的花色，或者等过了很久才加叫。很多牌手经常会过分地迷恋他自己的长套，以及对手花色上的第一轮控制，但他们就是不简单地确定将牌花色。

自然地叫牌

和第一个陷阱有关的另一个问题就是很多牌手不愿意自然地叫牌，描述清楚自己手中的持牌。一个例子就是没有再叫自己的花色，这样就隐藏了相应的额外长度。

叫出你自己的牌型

在逼叫的叫牌进程中，不少牌手在第三次叫牌时倾向于再叫出自己主套的长度。这里有些常见的例子，看看该如何改进。

1.　　　　♠ A K××× 　♡ A Q××× 　♢ — 　♣ K××

西	北	东	南
不叫	不叫	不叫	1♠
不叫	1NT	不叫	2♡
不叫	2♠	不叫	？

现在南家应该叫 3♣ 而不是 3♡。北家可能拿着：

♠ ×× 　♡ K× 　♢ ×××× 　♣ A Q×××

2.　　　　♠ A K×××× 　♡ A××× 　♢ — 　♣ K××

西	北	东	南
不叫	不叫	不叫	1♠
不叫	1NT	不叫	2♡
不叫	2♠	不叫	？

同样的叫牌进程，但有细微差别。叫 3♣，和第 1 副的理由一样。

3.　　　　♠ × 　♡ K 10 　♢ A K×××× 　♣ A Q 10×

西	北	东	南
		不叫	1♢
不叫	2♡[1]	不叫	3♣
不叫	3NT	不叫	？

[1] 进局逼叫。

这里有一个简单的 4♡ 叫品。这个叫品是表示双张红心的满贯试探，而黑桃是短套。这种序列下其他可能的牌型有 **1-2-5-5**，**0-2-6-5** 和 **0-2-7-4**。

预 知 同 伴 面 临 的 难 题

在所有满贯冒险的进程中都有很多需要共同克服的障碍。这里有些常见的问题：

1. 差的将牌。不管你拿着多么好的牌，你拿着确定将牌花色的 **10×××** 去配合同伴的满贯试探是相当困难的，通常也是不可能的。记住这条提示，也许下次你会拿着 **AKQ×** 的将牌。

2. 在对方花色上没有控制。这个问题则更为棘手。我们搭档的一个原则是，在类似这样的叫牌进程中：

西	北	东	南
			1♠
3♣	4♣	不叫	?

北家的扣叫只保证有进局逼叫的牌力，有黑桃配合，不保证但也不否认有草花控制。

3. 所有的 A。如果你拿着大多数的 A 或者关键张，同伴就不大可能会做满贯试探。

西	北	东	南
			1♠
不叫	2♣[1]	不叫	3♣
不叫	3NT	不叫	?

1. 进局逼叫。

所以我在拿着很合适的牌并且有很多的关键张时会叫 **4♣**。一个这样的例子是：

♠ A××××　　♡ A×　　◇ ××　　♣ AQ××

叫牌惯性导致叫得过高

假设你坐南拿着：

♠ A J 10 × ×　　♡ × ×　　◇ A K ×　　♣ J × ×

西	北	东	南
			1♠
不叫	2♣[1]	不叫	3♣
不叫	3♠	不叫	4◇
不叫	4♡	不叫	？

1. 进局逼叫。

你可能会扣叫你的 ◇K，或者直接问关键张。但是请等一下！北家的 3♠ 是表示有轻微的满贯兴趣。他并没有因为点力的原因而显得尴尬——说明他有充足的开叫牌力。他必须要这么叫，因为你的 3♣ 可能是非常强的牌。你的 4◇ 从本质上看也是说着同样的事情："我愿意继续合作，没有 ♣A，不过我有 ◇A。"他叫出的 4♡ 是个好消息，表示有这个 A。但现在你应该叫 4♠ 刹车了。

这里的信息是，"我是一手开叫的低限牌。如果你有额外的牌力，可以继续问关键张或者继续扣叫。不过，如果你的牌对于你前面的叫品来说是低限的话，我觉得我们没有满贯，可以就打这个定约。"

错误的一方问关键张

通常只有一方更适合问关键张,之后决定最终的定约。所以先假设搭档是坐南北的,一个我所推荐的决定哪一方应该启动关键张问叫的指导方案是:

如果南家拿着:

只有关键张	北家应该问关键张
两门长套的牌	北家应该问关键张
旁门有很好的赢墩来源	南家应该问关键张
阻击叫的牌	北家应该问关键张
没有披露的额外牌力	南家应该问关键张

你可能觉得这些很难运用到实际中, 有时候的确是这样。但有些时候你有充分的信息来控制叫牌进程时,却没有识别出这样的形势。一个提示,我和搭档采用的一个方法是,当低花是将牌时,我们打红木关键张问叫(即 4◇ 是草花的关键张,4♡ 是方块的关键张)。于是我们可以在进局逼叫的叫牌进程中,通过加叫低花到四阶来要求同伴询问关键张。

牌例 71

双方无局,MP 制：

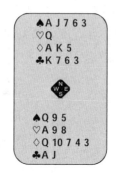

♠ A J 7 6 3
♡ Q
♢ A K 5
♣ K 7 6 3

♠ Q 9 5
♡ A 9 8
♢ Q 10 7 4 3
♣ A J

西	北	东	南
			1NT[1]
不叫	2♡[2]	不叫	2♠[3]
不叫	3♣[4]	不叫	3♠[5]
不叫	4♢[6]	不叫	4♡[6]
不叫	4♠[7]	不叫	不叫[8]

1. 12~14 点。

2. 转移。

3. 接受转移(不用超转移)。

4. 黑花色至少 5-4,满贯试探。

5. 保证有 3 张以上的黑桃配合,非低限。

6. 扣叫。

7. 不逼叫。

8. 没有其他意见。

但没有叫到满贯应该责备谁呢?

牌例 72

双方有局,IMP 制,你坐南拿着:

♠A 5　♡A K J 8 6 5 4 3　♢Q 10　♣9

西	北	东	南
	1♠	不叫	2♡
不叫	3♢	不叫	3♡
不叫	3NT	不叫	?

你叫什么呢?

解答-例71

双方无局,MP制:

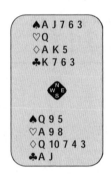

```
♠ A J 7 6 3
♡ Q
◇ A K 5
♣ K 7 6 3

    N
  W   E
    S

♠ Q 9 5
♡ A 9 8
◇ Q 10 7 4 3
♣ A J
```

西	北	东	南
			1NT[1]
不叫	2♡[2]	不叫	2♠[3]
不叫	3♣[4]	不叫	3♠[5]
不叫	4◇[6]	不叫	4♡[6]
不叫	4♠[7]	不叫	不叫[8]

1. 12~14点。

2. 转移。

3. 接受转移(不用超转移)。

4. 黑花色至少5-4,满贯试探。

5. 保证有3张以上的黑桃配合,非低限。

6. 扣叫。

7. 不逼叫。

8. 没有其他意见。

但没有叫到满贯应该责备谁呢?

建设性满贯叫牌是所有有志牌手应该花些时间与同伴一起学习和讨论的叫牌内容。让我们细细回顾上述叫牌进程,我会加以点评并指出一些重要的经验教训:

1. 弱无将。

2. 转移。

3. 如果打弱无将,别用超转移。同伴有可能是零点牌!

4. 满贯试探。这个满贯试探是绝对的低限。尽管北家有 **17** 个大牌点,但他应该把他的红心单张看作是"×"。

如果北家是更弱一点的进局逼叫持牌,比如少一个♠J,他就不能叫3♣,因为这是在试探满贯。他必须先转移然后叫 **3NT**,同伴有 **3** 张以上黑桃时再叫回 **4♠**。在北家表示出两门花色套的满贯试探之后,南家所能采取的行动有:

a) 有两张黑桃,并且是低限或者没有草花配合时叫 **3NT**。

b) 叫出一门新花色。这是表示有这门花色的 **A**,有 **4** 张以上草花,这样叫是说明他愿意配合同伴的满贯试探,确定草花为将牌。

c) 在两门花色套的满贯试探之后,叫 **4♣** 是表示有 **4** 张以上草花,愿意配合同伴的满贯试探,但没有方便可扣叫的 **A**。

d) 低限有 **3** 张以上黑桃时叫 **4♠**。

e) 有 **3** 张以上黑桃并愿意配合满贯试探时叫 **3♠**。你不能先扣叫然后在下一轮叫牌时再表示黑桃配合——参见以上几点。只能有这些选项。

5. 3 张以上黑桃,愿意配合满贯试探。

6. 扣叫。这是表示有 **A** 或者缺门。不要扣叫第二轮控制。

7. 北家止叫。看上去不是很好,但这是一个正确的叫品。他的牌是低限。唯一可能的备选叫品是 **5♢**;黑木是错误的,因为北家并不想问关键张,但在最后还是想再试探一下满贯的可能性。再多叫一点都是错的,因为你的牌还没有好到拿你确定得正分的 **4♠** 定约去冒险的程度。不要叫到很差的满贯,尤其是打双人赛。

8. 南家,由于拿着限制性的牌力,当然无法继续叫牌,除非他有极好的一手牌。比如:

♠KQ5   ♡A98   ◇109743   ♣AJ

拿着这手牌时南家应该在 4♠ 之后直接问关键张。

所以正确的答案就是,这对牌手在这副牌上叫得非常完美!虽然可以打成满贯,或者有机会打成,但这并不意味着就应该叫到满贯。不过,如果南北方任意一人有♠10 的话,那满贯就很有机会了!这就是我第二本书取名为《边界线》的原因。有时候两个选项的差别其实是微乎其微的。成功与失败也同样如此。需要掌握的重要原则就是,在你选择叫品和做出决定之前,要考虑到所有可用的信息。

解答-牌例 72

双方有局,**IMP** 制,你坐南拿着:

♠A 5 ♡A K J 8 6 5 4 3 ♢Q 10 ♣9

西	北	东	南
	1♠	不叫	**2♡**
不叫	**3♢**	不叫	**3♡**
不叫	**3NT**	不叫	?

你叫什么呢?

这个叫牌进程相当直截了当。你的第一次叫品是进局逼叫。3♢是自然叫,不保证有额外牌力(更多关于这个话题,参见经验总结)。

你有 14 个大牌点,但整手牌的质量明显更好,你有一门好的八张套。另外你在同伴的两门花色上都有大牌,并且还有第四门花色草花的控制。

不过再怎么乐观你这时候也该降降温了,你的 3♡是满贯试探,但同伴并没有合作。事实上他可能是 5-1-3-4 牌型的低限牌。他甚至很可能是红心缺门!

尽管我还会再做一次尝试。而桌上的牌手也又做了一次尝试,但他直叫了 6♡!我不是一个羞涩胆小的叫牌人,但在这里我会简单叫出毫无歧义的 4♣,让同伴有发言的机会。在这个叫牌进程中这肯定不是表示有第二门长套,而是重复了这个信息,"我还是对红心满贯很有兴趣,就算我已知道你没有满贯兴趣。我有草花控制。请再重新评估一下你的牌"。

同伴的确是这么做了,他扣叫了 4♢。现在你可以去问关键张了,发现同伴有足够的关键张,于是就叫到了这个很好的满贯。同伴的牌是:

♠K 9 8 7 2 ♡10 ♢A K 9 5 ♣A 5 3

经 验 总 结

1) 如果应叫人在二盖一进局逼叫之后再叫自己的花色，他的再叫有是满贯兴趣的自然叫。

2) 有些牌手会认为在以上这个逼叫进局的叫牌进程中,开叫人的3◇再叫是一种"高逆叫",表示有额外的牌力。我不赞同这种观点。我认为描述你的牌型并找到配合要比一个模糊的限制大牌实力的叫品重要得多。你总能在你找到配合之后,再来表示有额外的牌力。因此我的二盖一叫品结构是这样的:

	1♠	2◇
a)	2♡	高花 5-4。
b)	2♠	保证有六张黑桃,否认是坚固套。
c)	2NT	否认有第二门长套或者六张黑桃 。
d)	3♣	自然叫,有四张以上草花,不保证有额外的牌力。
e)	3◇	有三张以上方块,通常否认有短套。
f)	3♡	方块配合,斯普林特。
g)	3♠	♠AKQ×××(×···)或者更好。

3) 我认为是北家叫错了。他有单张♡10 和丰富的大牌控制,他应该在第三次叫牌时加叫红心。

4) 注意 4♣不是表示长套的自然叫。如果南家有红心和草花两套,他应该先叫红心,随后在第二轮叫牌时叫出草花,合适的时候再叫红心。

牌例 73

南北有局,IMP 制,你坐南拿着:

♠A 6 3　♡A K Q 8 2　♢A 6　♣A K 2

西	北	东	南
不叫	不叫	不叫	2♣
不叫	2♢¹	不叫	?

1. 有些点力。

你叫什么呢?

牌例 74

双方有局,IMP 制,你坐南拿着:

♠Q　♡K 10 9 8 7　♢J 8 7　♣A 8 7 4

西	北	东	南
	2♣	不叫	2♢¹
不叫	2NT²	不叫	3♢³
不叫	3♡	不叫	?

1. 积极应叫,进局逼叫。

2. 22~24 点。

3. 转移。

你叫什么呢?

解答-牌例 73

南北有局，IMP 制，你坐南拿着：

♠A 6 3　♡A K Q 8 2　◇A 6　♣A K 2

西	北	东	南
不叫	不叫	不叫	2♣
不叫	2◇¹	不叫	?

1. 有些点力。

你叫什么呢？

你现在在进局逼叫的叫牌进程中。你有非常好的 **24 点牌**！你应该思考的问题是哪一个叫品能让你有更好的叫到可打满贯的机会，2♡还是 2NT？

我的经验是叫花色要比叫无将好。尤其是这手牌更值得这样考虑，因为你的牌点都是顶张大牌。我同伴也认同这种观点，他选择了 2♡。我拿着这手牌简单地加叫了 3♡：

♠K 9 8 5　♡J 7 3　◇K 10 9 5　♣7 4

我们轻松地叫到了满贯。另一桌上的叫牌是这样的：

西	北	东	南
不叫	不叫	不叫	2♣
不叫	2◇¹	不叫	2NT
不叫	3♣	不叫	3♡
不叫	3NT	全不叫	

1. 有些点力。

我们凭借叫到并打成这个机会很好的满贯赢得了 **13IMP**。

经验总结

在强 2♣ 开叫和积极应叫之后,我认为自然地叫出花色套要比进入无将叫牌进程好得多。我认为对手错误地评估了他的牌。

1) 如果你打库克什接力叫,那这手牌就糟糕了,因为你无法在不歪曲花色长度或其他特征的情况下自然地叫出红心套。

* 库克什接力叫:在 2♣-2◇ 之后,2♡ 是接力到 2♠。在 2♠ 之后,开叫人可以:

* 叫 2NT,表示有 25~27 点,或者

* 叫出一门花色套,说明原先的 2♡ 是自然叫品,开叫人至少是 5-4,或者

* 再叫红心,表示有 6 张以上红心。

解答-牌例 74

双方有局,IMP 制,你坐南拿着:

♠Q ♡K 10 9 8 7 ◇J 8 7 ♣A 8 7 4

西	北	东	南
	2♣	不叫	2◇[1]
不叫	2NT[2]	不叫	3◇[3]
不叫	3♡	不叫	?

1. 积极应叫,进局逼叫。

2. 22~24 点。

3. 转移。

你叫什么呢?

有四种选择:

1. 叫示量性 4NT 邀请满贯。

2. 叫 4♣ 试探满贯,如果同伴叫 4♡ 或者 4NT 的话就不叫。

3. 叫 4♣,想要逼叫到满贯。

4. 叫 6NT。

1 和 4 不用考虑。你想要打一个花色定约,通常都会比打无将好。正确的答案是 4♣。这就留下了一个问题,你是否应该逼叫到满贯。答案是——是的。我拿着这手牌叫了 4NT,同伴拿着下面这手牌不叫了:

♠A K 2 ♡A 4 ◇A K Q 2 ♣Q J 9 3

结果我们输了一副满贯。

我应该意识到我的单张小黑桃是值得做满贯邀请的。而额外的 ♠Q 使得逼叫到满贯也足够了。

经验总结

1) 你在对无将牌点进行估值时,五张套可以加一点。这也包括高花!

2) 如果你拿着中间张质量很好的长套时,比如这手牌的红心套,做评估时一定要升值。

3) 在 IMP 制比赛里,我的经验是当你有配合的时候,打有将而不是无将定约通常都是正确的。有两个例外:

 * 当你知道外面是恶劣分布时,比如某一位对手做过阻击叫。

 * 当你们确定的将牌花色质量特别差,并且打无将的话有旁门的赢墩来源时。

牌例 75

双方有局,IMP 制,你坐南拿着:

♠8   ♡A Q J 10 8 5   ◇K 10 5   ♣10 7 2

西	北	东	南
		3♣	不叫
4♣	加倍	不叫	？

你叫什么呢?

牌例 76

双方有局,MP 制,你坐南拿着:

♠K J 6 4 2   ♡A Q 9   ◇A K J 6 3   ♣—

西	北	东	南
	1NT[1]	不叫	？

1. 15~17 点。

你有什么计划呢?

解答-例75

双方有局,IMP 制,你坐南拿着:

♠8　♡A Q J 10 8 5　◇K 10 5　♣10 7 2

西	北	东	南
		3♣	不叫
4♣	加倍	不叫	?

你叫什么呢?

这副迷人而又富有教育意义的牌出现在当地的一次队式赛上。

很多专家牌手拿着一个这么好的花色套会争叫3♡。我个人认为南家的牌还没有强到足以争叫3♡的程度,尤其是北家并没有不叫过的情况下。同伴会以为你有更多的牌力,而很可能会在后面的叫牌中判断失误。

同伴最有可能的牌型是:

1. 短草花的技术性加倍,或者

2. 强无将。

你方已经很接近满贯了。你有很好的套和三张草花,这两点使得同伴的牌更像是第一种,这样的话最多只有一个草花输张。

我觉得选择 4♡ 或者 5♡ 就像是选择两匹赛马,都是可以的。我认为5♡是最佳叫品。注意这是一个表明牌力的叫品,而不是寻求草花的第二轮控制。现在这个情况很罕见,逻辑上应该是要主打红心的自然示量叫品,而不是寻求草花的控制。为什么呢?因为你没有草花控制,原本你是不能表示出有红心满贯兴趣的。如果你在这个情况下有草花的控制,你就要去猜测是否该试探一下满贯。

注意如果西家没有加叫,那么情况就会大不一样了。现在南家就有空间先叫4♣然后叫5♡来表示有草花的控制。因此,在后面的这种情况下,直接跳叫5♡是否认有草花的控制,强烈建议同伴如果有草花控制的话叫上满贯。

同伴很可能会用 5♠ 扣叫来试探 7♡。

这副牌有很多有趣的方面,会在后面的经验总结里进行讨论。整手牌如下:

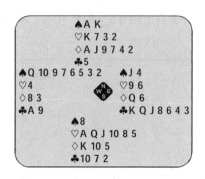

```
              ♠ A K
              ♡ K 7 3 2
              ♢ A J 9 7 4 2
              ♣ 5
♠ Q 10 9 7 6 5 3 2      ♠ J 4
♡ 4                     ♡ 9 6
♢ 8 3              N    ♢ Q 6
♣ A 9           W   E   ♣ K Q J 8 6 4 3
                   S
              ♠ 8
              ♡ A Q J 10 8 5
              ♢ K 10 5
              ♣ 10 7 2
```

经验总结

1) 拿着南家的牌不要争叫 3♡,因为同伴会认为你有更好的牌。

2) 北家的牌加倍比 4♢ 更好。北家本来就准备在同伴叫出 4♠ 之后改叫 5♢ 的。加倍是允许同伴在拿着合适的牌时,将加倍转为惩罚性的。比如:

   ♠ Q × × ×   ♡ Q J ×   ♢ × ×   ♣ Q 10 7 2

3) 在同伴的技术性加倍之后的跳叫是一个表明牌力的叫品,并没有透露任何关于对手花色的第二轮控制的信息。

4) 不要做那些只会帮助对手的叫品。这就是为什么西家这手牌叫 4♣ 要比 3♠ 好的原因,因为后者只会给庄家提供如何主打的信息。叫 4♠ 也是一个选项,因为这个叫品能够剥夺对手三阶和四阶的叫牌空间,而且效果也和 4♣ 差不多。当然这个叫品的缺陷是如果最后是由南北主打,无疑会帮助做庄。

5) 注意西家加叫 4♣ 与不加叫还是有差别的。如果他不叫北家会叫 3♢,而南家肯定会叫出 3♡,那南北方叫到满贯就完全没有问题了。现在北家还能选择加倍或者叫 4♢。他加倍叫得很好,但实战中南家只叫了 4♡,结束了叫牌进程。

解答-牌例 76

双方有局,MP 制,你坐南拿着:

♠K J 6 4 2   ♡A Q 9   ◇A K J 6 3   ♣—

西	北	东	南
	1NT¹	不叫	?

1. 15~17 点。

你有什么计划呢?

你有 18 点而同伴至少有 15 点;18+15=33 点,打无将小满贯足够了。实际上这手牌更好,因为我给五张套多加了一点,而且你有两个选择! 不要停在 6NT 以下,尤其是在双人赛里,六阶花色定约只会让你得到极少的比赛分!

如果有的话,你们能叫得到大满贯吗? 我很怀疑。首先你需要找到配合,然后可以用排除关键张黑木(如果你们用的话,并且同伴要正确地识别出来)。

另一个可能的选择是先转移到高花, 找到配合, 然后试着在有限的空间里进行扣叫,叫到大满贯。确实很不容易!

实际上整手牌如下:

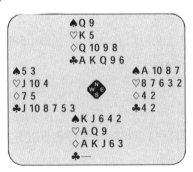

以下是最佳的"标准"叫牌进程:

西	北	东	南
	1NT[1]	不叫	2♡[2]
不叫	2♠[3]	不叫	3◇[4]
不叫	4◇[5]	不叫	4♡[6]
不叫	4♠[7]	不叫	？

1. 15~17 点。

2. 转移。

3. 接受转移。

4. 自然叫，4 张以上方块的进局逼叫，通常是满贯试探。

5. 我有方块配合，高限牌或者是不适合打无将的牌(这是 MP 制比赛)。

6. 我想要扣叫，我有♡A。

7. 我有♠A。

8. 这是我想听到的！同伴有：

♠A×   ♡? ××   ◇? ×××   ♣?? ××

其他还有至少 11 点。我需要找到◇Q，不然叫上 7◇ 就只是一次赌博，即使是非常好的大满贯定约。

这副牌我们对抗的经验丰富的对手两个人都叫得不太好，最后叫到 6♠宕一。注意在扣叫进程中北家可以在 4♡ 之后扣叫 5♣ 表示有♣A，否认有♠A，这样的话南家会直接叫出 6NT。

经验总结

1) 在 MP 制比赛里，可以打无将时不要停在低花定约上。这条原则同样适用于成局定约和满贯定约。

2) 当你方有八张高花配合以及"额外"的牌力，通常联手至少有 28 点时，要考虑打无将定约。比如假设同伴开叫 1NT，你拿着这样的 14 点：

♠K Q××   ♡K J×   ◇Q×××   ♣K×

叫 **3NT**。

3）先扣叫出最便宜的 **A**。跳过一个花色就是否认有控制。

4）排除关键张是个很难的约定叫，经常会被误解。很多搭档，包括我自己，不用这个叫品。

5）我打的一个很有用的处理方式是，当确定低花为将牌时，5♡ 总是大满贯逼叫（GSF）。用法和高花做将牌时的 **5NT** 一样。三级回答是：

* 第 **1** 级：有将牌 **A** 或 **K**。

* 第 **2** 级：有将牌 **Q**。

* 第 **3** 级：有三个将牌顶张中的两张。

6）在上面这个叫牌进程中我会在 4♠ 之后叫出 5♡，目的是看看同伴有没有 ♢Q。如果同伴拿着：

♠Ax　♡Kxx　♢Qxxx　♣AKxx

同伴会叫 **5NT**，第二级表示有 ♢Q，这样我就会叫到这个精彩无比的大满贯。

7）最后，持 **2-2-4-5** 牌型开叫 **1NT** 会有个问题。尽管我拿着任何 **5-4-2-2** 牌型都倾向于开叫花色套，但这手牌是个例外。**100%** 的专家牌手都会开叫 **1NT**，在 MP 制比赛和队式赛都是如此。为什么呢？因为问题在于难以描述清楚这样的持牌。即使你叫了 **1♣**，**3NT** 也仍然可能是最佳成局定约。唯一的区别是对手现在会知道你的牌型，防守就会更加精准。这对我来说就是现代扑克里的全押思想的影响。话虽如此，**1NT** 确实可以简化叫牌进程。但别被表象欺骗了，你这样叫牌其实是一种赌博。

牌例 77

东西有局,MP 制,你坐南拿着:

♠A 4 2   ♡A 10 8 6 4 2   ♢K   ♣Q 8 2

西	北	东	南
不叫	1♢	不叫	1♡
不叫	2♠	不叫	3♡
不叫	4♡	不叫	4♠
不叫	5♣	不叫	?

你叫什么呢?

牌例 78

双方无局,MP 制,你坐南拿着:

♠Q 10 8 7   ♡J 4 3   ♢K 7 4   ♣A K J

西	北	东	南
		不叫	1♣
不叫	1♡	不叫	1♠
不叫	2♢	不叫	2♡
不叫	2NT	不叫	3NT
不叫	4♣	不叫	?

你叫什么呢?

解答-牌例 77

东西有局,MP 制,你坐南拿着:

♠A 4 2　　♡A 10 8 6 4 2　　◇K　　♣Q 8 2

西	北	东	南
不叫	1◇	不叫	1♡
不叫	2♠	不叫	3♡
不叫	4♡	不叫	4♠
不叫	5♣	不叫	?

你叫什么呢?

这手牌是我和搭档在最近的加拿大锦标赛中遇到的。这是我们的倒数第二副牌,而且我俩都感觉到这副牌必须叫对才有机会晋级。当时我想在 4♡ 之后再叫一次,但没有花色真正是配合的。诸多问题中的一个就是我并不清楚应该打什么样的的定约,更不用说准备打几阶。

同伴看上去只有两张红心,是 4-2-6-1(也可能是 4-2-5-2)牌型。南家的持牌非常好,有好的八张套。但如果同伴是♡Q×或者更差,你并不想在满贯阶数上打红心将牌。即使是他有♡K×,对于几乎有三分之一可能性的 4-1 分配来说也不够好。但另一方面他也有可能拿着♡KJ 或者♡KQ!最后我决定扣叫 4♠。表面上是同意红心作为将牌,但同伴也知道你选择避开问关键张是有理由的。叫出 4♠的另一个好处是可以让同伴有选择去问关键张。你很高兴地看到同伴叫出了 5♣,确定有这门花色的 A。现在叫什么呢?

我叫了 5◇。这个扣叫表示有◇A 或者◇K,因为在同伴花色上不能扣叫单缺。现在同伴叫出了 6◇!好吧,我猜我们必须叫满贯了!但是叫哪一门花色呢?

就是这一门了！同伴建议这个作为最终定约,而你非常乐意地认同了同伴的明智判断。这里有好消息,接着是坏消息,最终还是好消息。整手牌如下:

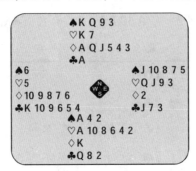

美好的分布！好消息是6♡很可能会打宕,尽管优秀的庄家可以通过擒将妙招来打成。坏消息是7◇是个非常好的大满贯定约。第二个好消息是方块将牌为5-1分布,说明7◇根本打不成。

经验总结

1) 一旦你找到了配合,扣叫同伴第一次叫出的花色可以是有 K,但不能是短套。

2) 严格来说,在二阶水平上跳叫新花色是逼叫的,表示有 **19~21** 个大牌点。不过,每对搭档需要深入地讨论应叫人拿着最低限的应叫牌时,比如×××KJ×××× ×××是否能够不叫。另一个问题是这样的叫牌进程是不是 **100%** 逼叫到局。

3) 在 4♡之后,跳叫 6◇表明有方块支持,并留给同伴选择满贯花色的机会。

4) 注意 6♠是个非常好的定约,但会由于将牌的恶劣分布而失败,结果与7◇类似。这就是桥牌里的运气成分,你也许叫到了比别人好的定约,但最终却因为出现了不太可能的分布而打宕了,得到了一个相应的坏分数。

解答-牌例 78

双方无局, MP 制, 你坐南拿着:

♠Q 10 8 7　♡J 4 3　◇K 7 4　♣A K J

西	北	东	南
		不叫	1♣
不叫	1♡	不叫	1♠
不叫	2◇	不叫	2♡
不叫	2NT	不叫	3NT
不叫	4♣	不叫	?

你叫什么呢?

同伴已表示有一手非常好的牌, 有 4 张以上草花, 正在试探满贯。所以这时候你要做出两个决定:

是否要配合满贯试探, 以及叫什么。

有利的因素是, 你有 14 个大牌点, 有三张草花大牌。不利的因素是你拿着 4-3-3-3 牌型, 而且♠Q 的价值存在疑问。所以这手牌我会拒绝邀请, 再叫 4NT, 这就是要打。任何其他的叫品都是接受邀请。实战中南家叫了 5♣, 在 MP 制比赛里他们正确地决定要打六阶。她的牌是:

♠A 2　♡A K Q 2　◇A J 3　♣10 9 8 2

果不其然, 满贯打宕了, 这副牌南北方得到了底分。

经 验 总 结

1) 在 **MP** 制比赛里,当将低花确定为将牌时,需要将 **4NT** 作为止叫。

2) 还需要将 **4NT** 做为示量邀请。一个例子是:

西	北	东	南
		不叫	1♣
不叫	1♡	不叫	1♠
不叫	2♦	不叫	2♡
不叫	2NT	不叫	3NT
不叫	4NT	不叫	?

注意这里并没有确定的将牌花色（即使红心已经叫过了而且还被延迟加叫过,北家的 **2NT** 实际上是说,"我对打红桃将牌的定约没有兴趣"）。

3) 当将低花确定为将牌时,你需要用 **4NT** 以外的叫品来问关键张。

4) 在进局逼叫的叫牌进程中,从 **3NT** 拉出到四阶低花是满贯试探,而跳叫到五阶低花则是更弱的牌。

牌例 79

南北有局,MP 制,你坐南拿着:

♠KJ9　♡AK72　◇—　♣AKQ942

西	北	东	南
不叫	1◇	不叫	2♣
不叫	2♠	不叫	3♣
不叫	3NT	不叫	?

2♣应叫是进局逼叫,2♠不保证有额外的牌力。

你叫什么呢?

牌例 80

东西有局,队式赛,你坐南拿着:

♠—　♡AKQ872　◇KQ5　♣KQ85

西	北	东	南
	不叫	不叫	1♡
不叫	1♠	不叫	3♣
不叫	3NT	不叫	?

你叫什么呢?

解答-牌例 79

南北有局,MP 制,你坐南拿着:

♠ K J 9　♡ A K 7 2　◇ —　♣ A K Q 9 4 2

西	北	东	南
不叫	1◇	不叫	2♣
不叫	2♠	不叫	3♣
不叫	3NT	不叫	?

2♣应叫是进局逼叫,2♠不保证有额外的牌力。

你叫什么呢?

2013 年的加拿大桥牌锦标赛对我和我的队友们来说是失望的一周,因为我们仅仅以不到一个 VP 的差距而未能晋级淘汰赛!这次比赛有很多有趣的牌,但我那一周的得意之作出现在加拿大公开双人锦标赛中。

在同伴再叫 2♠之后,我选择了 3♣ 而不是 3♡。我感觉最好的机会是要找到草花的大满贯。同伴的 3NT 说明了几件事情。首先他最有可能是 4-3-5-1 牌型,有♡Q××。否则他会继续描述他的牌型;比如是 6-5 或者是 6-4 两套。他还否认了有一手能打草花满贯的牌。北家另一种可能的牌型是 4-3-6-0。

掌握了这些信息之后我叫了 6♡!我想象到了在草花为 4-2(或者 4-3)分布时这是最佳定约,因为明手的短将牌可以将吃一次草花,从而树立起草花套。当我做出这个叫品时,我的对手迈克尔·甘布尔说道,"你们温尼伯的人都是这么叫牌的吗?"我最终是笑到了最后。正如那一整周的情况一样,同伴的牌没有让我失望。整手牌如下:

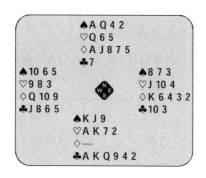

我用♠9赢进黑桃首攻，打♣A，随后将吃草花。然后我打了三轮红心，当将牌是3-3分布时我拿到了全部十三墩，所得的+1010是个绝对顶分，而6NT只能刚好打成，当草花4-2时得到+990分。

经验总结

1) 想象可能的定约打法是非常重要的，这样你就能知道应该选择哪个定约。

2) 这里同伴相信我知道我在做什么，他说如果拿着♡QJx的话就会考虑加叫到7♡。

3) 有时候你不可能去探寻所有可能的定约，那就必须要做出一个选择。这里我一开始是决定把草花当做将牌的，也是依此叫牌的。话虽如此，很显然我对于哪一个是最佳定约是保持开放心态的。

4) 像这样叫到了一个很难找到的最佳定约，我的感觉当然是欢欣雀跃的。

解答-牌例 80

东西有局,队式赛,你坐南拿着:

♠— ♡AKQ872 ◇KQ5 ♣KQ85

西	北	东	南
	不叫	不叫	1♡
不叫	1♠	不叫	3♣
不叫	3NT	不叫	?

你叫什么呢?

这副牌出现在菲尼克斯举办的 **2014 年美国队式选拔赛第 16 轮科纳鲁队**对谢尔曼队的比赛中。桌上科纳鲁队的南家(方位已旋转)叫了个简单的 4♡。这个叫品不仅错误地描述了自己手里的牌,在他拿着一手好牌而且只有两个输张的情况下绝对是个低叫。4◇是个简单的正确叫品。同伴可以直接跳叫到 6◇,希望没有大满贯。整手牌如下:

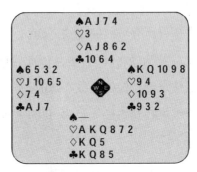

而在另一桌上,雅各布斯和帕赛尔在雅各布斯拿着北家的牌开叫 1◇之后毫无困难地叫到了 6◇。

经验总结

1) 叫出你的牌型!

2) 想象同伴是否有可能拿着打满贯所需的牌,在还没有威胁到你得正分之前。

牌例 81

南北有局, IMP 制, 你坐南拿着:

♠KQ96 ♡A542 ◇3 ♣AK86

西	北	东	南
1◇	1♠	不叫	?

你叫什么呢?

解答-牌例 81

南北有局, IMP 制, 你坐南拿着:

♠KQ96 ♡A542 ◇3 ♣AK86

西	北	东	南
1◇	1♠	不叫	?

你叫什么呢?

这副牌出现在 2013 年世界锦标赛上。这对试探满贯来说是个巨大的挑战。

有几条能观察到的线索。首先是局况。正如第 3 章里讨论过的,有些牌手在无局方时的开叫会比正常牌力少一些,甚至是在第一家。另外,同伴是在有局对无局这种局况下做了争叫,暗示着他有很不错的争叫牌力。

但这仍然只是一个一阶水平上的争叫,他也可能只有 7 个大牌点,只要北家的长套质量够好。不过你拿着 16 个大牌点,有一个单张和四张黑桃支持,你的牌力足够逼叫到局,以及尝试满贯。你有以下选择:

1. 扣叫。

2. 斯普林特。

3. 自然而且逼叫的 2♣ 或 2♡。

首先,叫斯普林特是错的。为什么呢? 尽管很有描述性,3◇并不能帮助到你。

你的目标是要发现同伴的持牌情况,而不是反过来。问题是当同伴拿着争叫的低限牌时,就算拿着正好适合满贯的牌也不会配合你。这种理念对于扣叫也同样适用。桌上的大多数牌手都选了这两个叫品,但都没有成功。更好的选择是叫出一门花色,我认为2♣是正确的叫品。而2♡是错误的,因为这个叫品应该是有五张红心的,而且2♡和斯普林特一样,占用了太多的叫牌空间。同伴拿着:

♠ A J 10 8 4 3   ♡ 3   ◇ 7 5   ♣ Q J 7 5

叫牌会这样进行下去:

西	北	东	南
1◇	1♠	不叫	2♣
2◇	3♣	不叫	3◇[1]
不叫	3♠[2]	不叫	4◇[3]
不叫	4♡[4]	不叫	6♠[5]

1. 进局逼叫。

2. 六张黑桃(而且应该有四张草花,否则北家在2♣之后会叫2♠)。

3. 扣叫。

4. 扣叫。

5. 惊喜!

南家在草花加叫之后还有一种选择是直接问关键张。

经验总结

1) 强牌一方从同伴那里获取信息的叫牌方法通常要比表示有额外的牌力的方式好。

2) 没有不叫过的一方在争叫之后最好打新花色逼叫。

3) 记住,一阶争叫和一阶开叫两者的牌力范围有很大的不同。

写在最后……

这是我《提升你的叫牌判断力》系列丛书的最后一册。我希望你能享受阅读这些书，就像我很享受在不同等级的比赛中发现这些有趣的牌一样。我觉得最重要的一课是要训练(重塑)你的大脑，在不同的叫牌进程中思考和提问。这么做的方法是将你的经验转变成知识(包括读我的书)，并有效地运用到牌桌上。

你这么做得越多桥牌就变得越容易！你的大脑神经会继续巩固和强化思考过程。你会更快地想到答案，在足够的练习之后，就会变成条件反射。

谨记，叫牌之前的思考与之后的成功密切相关！